第1卷
亚洲

地图里的世界

带着问题去旅行

斯塔熊文化　编绘

山东友谊出版社

图书在版编目（CIP）数据

地图里的世界：带着问题去旅行 / 斯塔熊文化编绘．
--济南：山东友谊出版社，2020.5

ISBN 978-7-5516-1959-2

Ⅰ.①地… Ⅱ.①斯… Ⅲ.①地理－世界－问题解答
Ⅳ.①K91-49

中国版本图书馆CIP数据核字（2019）第194101号

地图里的世界：

带着问题去旅行

DITU LI DE SHIJIE：DAI ZHE WENTI QU LVXING

制　　作　墨明青简

责任编辑　肖　静

主管单位　山东出版传媒股份有限公司

出版发行　山东友谊出版社

地　　址　济南市英雄山路189号　　邮政编码　250002

电　　话　出版管理部（0531）82098756

　　　　　市场营销部（0531）82098035（传真）

印　　刷　鸿博睿特（天津）印刷科技有限公司

开　　本　720mm×1000mm　1/12

字　　数　200千字

印　　张　19.5

版　　次　2020年5月第1版

印　　次　2020年5月第1次印刷

审 图 号　GS（2019）3627号

定　　价　108.00元（全5册）

目录

Contents

Korea

出发，韩国

韩国

我的名片

中文名称：大韩民国

首都：首尔

国土面积：约 10 万平方千米

著名景点：青瓦台、济州岛、海云台等

主要人口组成：朝鲜族

人口：约 5 100 万（2017 年）[①]

官方语言：韩语

国旗：

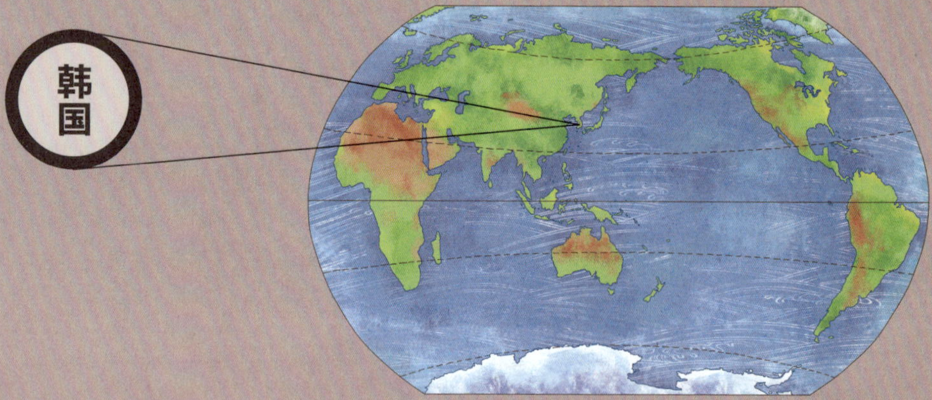

①本书中人口数据均来自世界银行官方网站：https://databanr.shihang.org/home

韩国

“我的照片墙”

佛国寺

佛国寺坐落在韩国庆尚北道东南的吐含山山腰处，被誉为韩国最精美的佛寺。佛国寺的古迹用花岗岩建造而成，华丽宏伟，是韩国石造艺术的宝库。1995 年 12 月佛国寺与其近旁的石窟庵作为一个遗址被列入联合国科教文组织《世界遗产名录》。

景福宫

景福宫是韩国“首尔五大宫殿”之首，是朝鲜王朝的始祖——太祖李成桂于 1395 年兴建的。王宫得名于中国古代《诗经》中的诗句：君子万年，介尔景福。

济州岛

济州岛是韩国最大的岛屿，它由火山喷发而成，属于典型的熔岩洞窟地形，岛中央屹立着海拔 1950 米的汉拿山。这里传承了古耽罗王国独特的民俗文化，气候温和，被称为“东方夏威夷”，并被列入世界新七大自然奇观。

韩服

韩服是韩国的传统服装，一般只有在节日和有特殊意义的日子里穿。女性的传统服装是短上衣和宽长的裙子，看上去很宽松；男性以裤子、短上衣、背心显出独特的风情。根据季节、身份，韩服所选用的材料和色彩都不同。

N 首尔塔

N 首尔塔，是矗立于首尔南山山顶的地标性建筑，韩国第一座综合信号发射塔，被誉为“首尔的象征”，原称首尔塔或者汉城塔。每晚 7 ～ 12 点，会有 6 支探照灯在天空中拼出鲜花盛开的图案——“首尔之花”。

跆拳道

跆拳道起源于朝鲜半岛，早期是韩国民间流行的一项技击术。1955 年，韩国的崔泓熙将军将其命名为“跆拳道”。2000 年时，悉尼奥运会将跆拳道列为正式比赛项目。

石锅拌饭

石锅拌饭是韩国人民非常喜爱的家常饭之一。石锅拌饭的材料主要为米饭、肉类、鸡蛋、黄豆芽、菌菇类和各式野菜。在石锅内放入米饭及菜肴，烤到锅底有一层锅巴。在吱吱声中，把营养和美味拌在一起，喷香诱人。

“我的问题墙”

韩国人为什么要过端午节?

端午节起源于中国，由中国传入韩国后，历经千百年融合和演变，节日的内涵和庆祝形式发生了变化。韩国人在端午节会祭拜当地的山神和城隍，祈求风调雨顺、庄稼丰收。

韩国人为什么爱吃泡菜?

受西伯利亚气压的影响，韩国的冬天漫长严寒并且十分干燥，植物很难生长，为了解决冬天缺乏蔬菜的难题，韩国人就想出了用盐腌制蔬菜并混合各种调料来吃的方法，于是发展成了今天的韩国泡菜。在没有蔬菜的冬天，泡菜就是最为珍贵的菜肴。

韩国人过生日为什么要喝海带汤?

韩国人认为海带非常有利于妇女产后恢复，而且价钱又便宜，所以海带汤便成了韩国孕妇产后所喝的传统补品。母亲生产时极为痛苦，生日时喝海带汤，就是要让子女能牢记母亲生育之苦，懂得母亲的伟大，以此来表达对母亲的敬意。

济州岛为什么被称为“东方夏威夷”?

济州岛地理位置独特，全年气候温和舒适，是韩国人心目中度蜜月的理想之地。随着近年来韩国旅游业的发展，国外游客也不断增多，尤其是一到了夏天，这里蔚蓝的海水和256千米长的迷人海岸线，更是形成了一片“梦幻乐园”。所以，大家便称济州岛为“东方夏威夷”了。

Japan
出发，日本

日本

我的名片

中文名称：日本

首都：东京

国土面积：陆地面积约 37.8 万平方千米

著名景点：富士山、东京铁塔等

主要人口组成：大和民族

人口：约 1.2 652 亿（2017 年）

官方语言：日语

国旗：

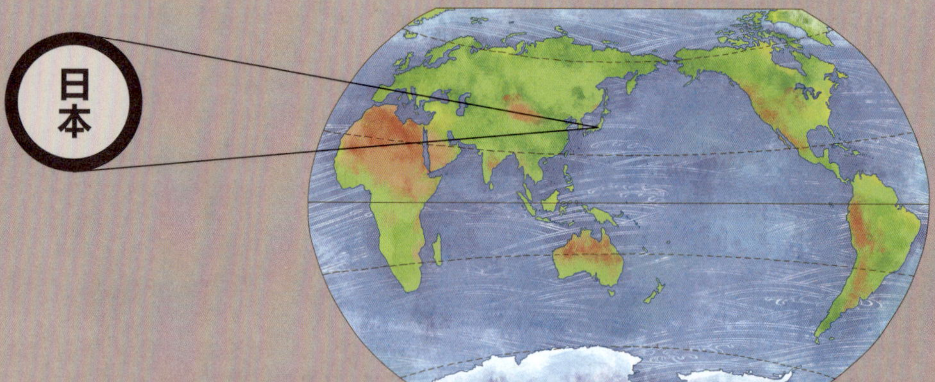

日本

身穿和服的日本女子
日本忍者
樱花
虾
木屐
宫崎骏爷爷
东京
东京塔
寿司
富士山
身穿和服的日本男子
琉球群岛
N
W
E
S

“我的照片墙”

富士山

日本第一高峰富士山是日本国家与民族的象征，2013 年被列入《世界遗产名录》。富士山山体呈优美的圆锥形，高耸入云，山巅白雪皑皑，放眼望去，好像一把悬空倒挂的扇子，因此也有“玉扇”之称。

法隆寺

法隆寺位于古都奈良，是世界上最古老的木结构建筑群，1993 年被列入《世界文化遗产名录》。其建筑风格深受中国南北朝建筑的影响，再现了中国佛教建筑与日本文化的融合。

东京塔

东京塔是东京地标性建筑物，位于东京都港区芝公园。东京塔以巴黎埃菲尔铁塔为范本而建，塔身红白相间，鲜艳夺目。东京塔设有特别瞭望台，晴朗之日可远眺富士山。

樱花

樱花在日本已经有 1 000 多年的历史，日本人认为它热烈、纯洁、高雅，严冬过后，它最先带来春天的气息。最初，赏樱只是在权贵间盛行，到江户时代才普及到平民百姓当中，而且逐渐形成传统的民间风俗。日本政府把每年的 3 月 15 日至 4 月 15 日定为“樱花节”。

东京迪士尼乐园

东京迪士尼乐园位于日本千叶县浦安市，被誉为“亚洲第一游乐园”。开幕于 1983 年，主题乐园面积 46 公顷。乐园主要分为世界市集、探险乐园、西部乐园、动物天地、梦幻乐园、卡通城以及明日乐园 7 大主题区域，共有 35 项精彩的表演。

相扑

相扑，起源于中国，流行于日本，被称为日本的国粹。比赛时，两名身材极其肥硕的选手身着极为简单的装束，力争将对手摔倒或推出比赛场地。相扑运动员一般体型非常强壮，有些相扑手甚至达到了 500 余斤。每年，日本会举办 6 场正式的相扑比赛。每次 15 天。

寿司

寿司是日本的传统美食之一，以生鱼片、生虾、生鱼粉等为原料，配以精白米饭、醋、海鲜、蔬菜、鸡蛋等，捏成饭团后食用。其味道鲜美，深受日本民众的喜爱。

“我的问题墙”

富士山是怎样形成的？

富士山是日本最高的山峰，由火山喷发形成。千百万年以来，由于火山不断喷发，喷出的大量岩浆向四周漫流，冷却后一圈圈堆积在火山周围，最后就形成了这座匀称完美的圆锥形火山。

日本人为什么没有身份证？

“二战”时，日本老百姓要在美军的空袭中苟且偷生，还要省下钱粮供给前线的日军。当时，政府规定老百姓都要在胸前缝一块白布，在上面写上自己的住址、姓名、出生年月日等信息，相当于现在的身份证。所以，日本人直到现在都对身份证非常警惕和反感，他们一般都用护照、驾驶证等来作为身份证明。

日本女子和服背后的“包”是什么？

其实那不是包，而是腰带打的结。桃山时代（1582～1600年），有很多传教士来到日本。日本人见传教士的外袍是用细绳状带子系住，很感兴趣，纷纷模仿。后来又由于受朝鲜传统服饰宽腰带影响，才逐渐演变成今天和服那种包包结腰带。

日本为什么多发地震？

日本处在亚欧板块和太平洋板块的交界处，太平洋板块在这里俯冲到了亚欧板块的下面，造成地壳的能量不断积累，到一定时候就会发生地震。

The Philippines

出发，菲律宾

菲律宾

我的名片

中文名称：菲律宾共和国

首都：大马尼拉市

国土面积：29.97 万平方千米

著名景点：马尼拉大教堂、巧克力山等

主要人口组成：马来族、他加禄人、伊洛戈人等

人口：1 亿 492 万（2017 年）

官方语言：英语

国旗：

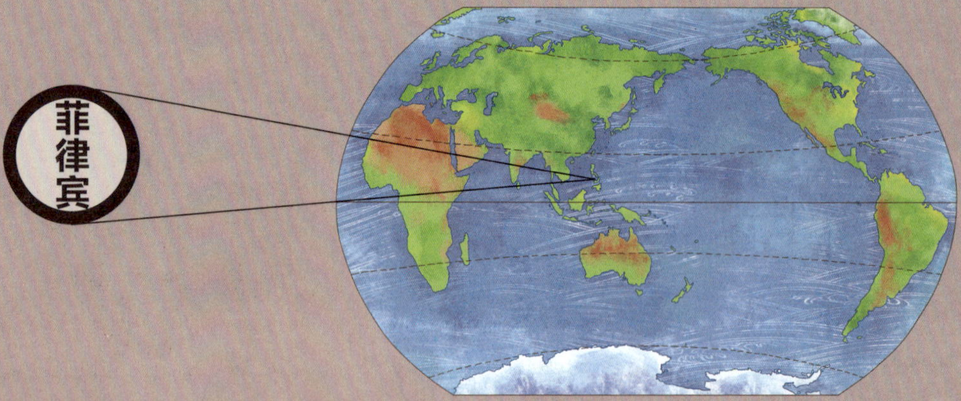

菲律宾

“我的照片墙”

高山梯田

巴纳韦高山梯田位于吕宋岛北部山区，距今已有 2 000 多年的历史。梯田所在的山海拔 1 500 余米，远远望过去，层层相连的梯田直通向天际，非常壮观。梯田的外垒全部用石块筑成，总长度达 1.9 万千米，据说所用的石料总数已经超过了埃及金字塔。

巴洛克式教堂群

巴洛克式教堂群位于菲律宾吕宋岛的巴奥艾、圣玛利亚、马尼拉以及班乃岛的米亚高等地。这些教堂是西班牙及墨西哥殖民者所建，顺延了巴洛克建筑风格，富于装饰。

椰子之国

菲律宾椰子的年产量居世界第一，因此被称为“世界椰王”。椰子的用处非常多，营养价值和经济价值都很高，可以制成各种食用粉、椰子干等多种加工食品，椰壳可以制成工艺品。椰子油不仅可以食用，还是制作化妆品的原料。

菲律宾篮子

富有地域色彩的设计是菲律宾篮子的独特之处。当地人制作篮子时取材广泛，有竹子、藤、棕榈树等。每种篮子采用不同的材料，不同的编织方法。用来装东西的篮子用结实的藤条制作，编织得十分结实。手提作为装饰的篮子用香兰或海草制成，样式精巧时尚，花纹独特。

塔阿尔湖

塔阿尔湖位于吕宋岛西南部，由一个巨大的火山口形成。湖中有一个小岛，岛上有世界上最小的火山——塔阿尔火山。塔阿尔火山山势较低，最高处海拔仅有 300 米。火山中间有一个火山湖，形成了湖中有山、山中有湖的奇丽景色。

马荣火山

马荣火山是菲律宾最大的活火山，位于吕宋岛东南部。山体近乎为完美对称的圆锥体，被人们誉为“世界上最完美的火山锥”。

巧克力山

巧克力山位于菲律宾保和岛中部卡门附近，是由 1 268 个圆锥形小山丘组成的一处自然奇景。这些小山丘的高度在 40 ～ 120 米之间，它们紧挨在一起。雨季时，山呈现出草绿的颜色。旱季里，炎热的太阳将山上的乱草晒干，山就变成了褐色，犹如一排排巧克力排放在大地上。

“我的问题墙”

菲律宾的“夏都”在哪里？

碧瑶地处菲律宾吕宋岛北部，距离首都马尼拉250千米。其海拔1 500米，漫山遍布苍松翠柏，常年气温9℃～28℃，四季如春，对于终年炎热、遍地火炉的菲律宾来说，这可是一个绝佳的避暑旅游胜地，所以菲律宾人就将碧瑶称为“夏都”。

菲律宾人为什么喜欢斗鸡？

菲律宾人非常喜欢斗鸡，因为在菲律宾男人的眼里，两只斗红了眼的公鸡象征着勇敢、活力和武侠精神，因此，菲律宾人把勇敢者比作鸡。在菲律宾，斗鸡是合法的，而且每年都会举办100多万场斗鸡赛，没有哪一天没有斗鸡赛。

为什么菲律宾女佣那么有名？

菲佣的足迹目前已经遍布全球，这与菲律宾多年来树立起的“世界家政服务”品牌密不可分。菲律宾人非但不会瞧不起女佣，相反还觉得一个家庭有女性到海外务工，是件很光彩的事情，许多受教育程度高的女性都愿意出外当女佣。所以她们在全世界都很受欢迎。

菲律宾为什么多发台风？

台风经常光顾菲律宾，原因就是台风总是在热带洋面上形成，菲律宾群岛以东和琉球群岛附近海面，这一带便是最容易形成台风的地方。由于菲律宾挡在了台风前进的路上，所以很多台风都会从菲律宾经过，平均一年有20多次，使其遭受重大损失。

Thailand

出发，泰国

泰国

我的名片

中文名称：泰王国

首都：曼谷

国土面积：51.3 万平方千米

著名景点：曼谷泰国大王宫、玉佛寺、巴真菩提树等

主要人口组成：泰族、老挝族、华族等

人口：6 904 万（2017 年）

官方语言：泰语

国旗：

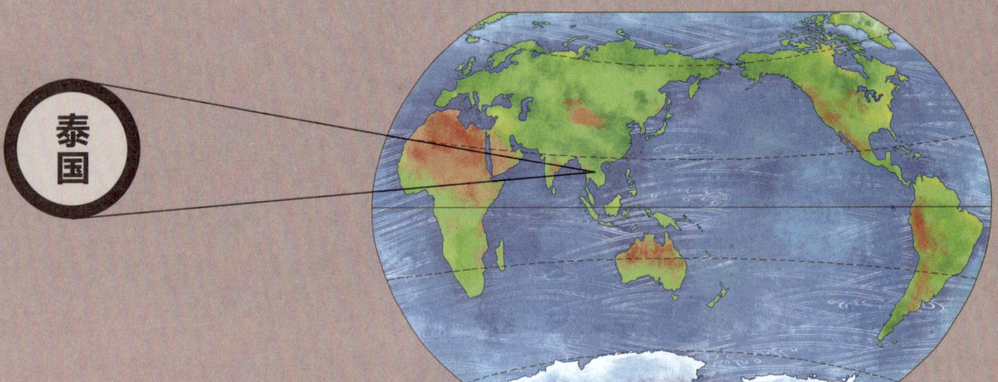

泰国

“我的照片墙”

金佛寺

金佛寺位于泰国曼谷市区之内，又称黄金佛寺，因供奉一尊世界上最大的金佛而闻名。大佛用纯金铸成，重 5.5 吨，高近 4 米，盘坐，双膝相距 3 米多，金光灿烂，庄严肃穆。金佛寺是泰国三大国宝之一。

人妖表演

人妖是指从小服用雌性激素而发育女性化的男性，经过艰苦训练，具有柔媚的女性形象，从而进行歌舞表演。在泰国的各主要城市都可以看到人妖表演，在芭堤雅的演出最为著名。

巴真菩提树

巴真菩提树位于泰国巴真府，是泰国最古老、最大的菩提树。主干粗壮，需要 10 人才能合抱。据考证，巴真菩提树是从印度移植而来的，已经有 1 100 年的历史。巴真府把此树图案作为城徽。

玉佛寺

玉佛寺是泰国最著名的佛寺，泰国三大国宝之一，大殿正中的神龛里供奉着被泰国视为国宝的玉佛像。玉佛是由一整块碧玉雕刻而成。每当换季时节，泰国国王都要亲自为玉佛更衣，祈祷国泰民安。

攀牙湾

普吉岛及周边地区风景最美丽的地方，被誉为泰国的“小桂林”，这里遍布着诸多大小岛屿，怪石嶙峋，景色变幻万千，堪称世界奇观。攀牙湾波光粼粼，淡绿色的海湾水面上，奇峰怪石星罗棋布，有的甚至从水中耸起数百米。

四面佛神庙

四面佛神庙位于曼谷最繁华的闹市区，是泰国人的祈福之处。四面佛有四尊佛面，分别代表爱情、事业、健康与财运，泰国佛教徒认为他掌管人间的一切事物，被称为“有求必应佛”。

水灯节

水灯节是泰国民间的节日。在每年泰历 12 月 15 日（公历 11 月前后）晚间举行。一年一度的水灯节，庆祝活动丰富多样，遍及全国各地。节日的夜晚，民众们纷纷在濒临河港或者湖边的地方放水灯，大小江河星光点点。水灯造型各式各样，有塔形、船形、莲花形等。其中，尤以莲花造型的水灯最多、最美。

“我的问题墙”

泰国为什么不开凿克拉运河？

泰国“克拉运河计划”一度被视为“东方巴拿马运河”梦想，但最终没有实现。原来，要开凿克拉运河，所需的投资额极其巨大，大到足够用来建设覆盖泰国全国的标轨铁路干线网络。而且克拉运河缩短的航程和时间有限，如果收费过高，船只还会选择走马六甲原线，所以想靠收取通行费收回成本是遥遥无期的。

泰国人为什么喜欢大象？

泰国是产象大国，一向被称为“象之国”。在泰国的密林间，经常有象群出没。泰国人民很喜欢大象，腿粗如柱、身似城墙的大象在泰国人民的心目中是吉祥的象征。同时，大象也是最有灵性的动物，它们善解人意，勤劳能干，既是廉价的劳动力，又是乖巧的旅游宠物。

曼谷为什么被称为“佛教之都”？

泰国的首都曼谷是世界上佛寺最多的地方，有大小400多个佛教寺院。每天早晨，全城香烟袅袅，钟声悠悠，寺庙里的和尚、尼姑在街上缓慢行走，逐家化缘，成为曼谷街头的特有景观。另外，拥有32个成员国的世界佛教徒联谊会的总部也设在曼谷，所以说曼谷是名副其实的“佛教之都”。

曼谷为什么洪涝灾害多发？

曼谷地处热带季风气候区，夏季降水量大而集中。同时，曼谷的地形北、东、西三面地势高，汇水速度快，大量的水汇集到曼谷这个地势低平的地方，一时间难以排泄。在河流入海口，由于河水受到海水潮汐顶托，流速又会变慢。还有一个最重要的原因，那就是曼谷的人口增长和城市化进程太快，城市排水设施不够完善。

Myanmar

出发，缅甸

缅甸

我的名片

中文名称：缅甸联邦共和国

首都：内比都

国土面积：67.6578 万平方千米

著名景点：大金塔、卡拉威宫、千佛塔等

主要人口组成：缅族、克伦族、掸族、克钦族等

人口：5 390 万（2015 年）

官方语言：缅语

国旗：

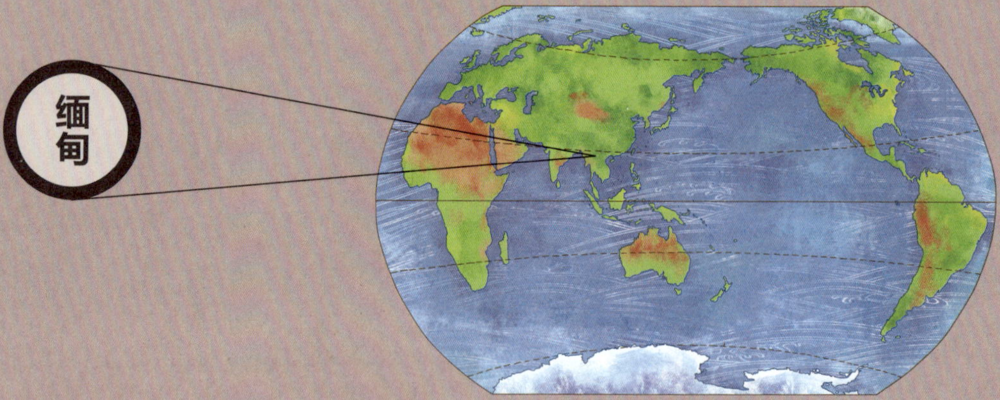

缅甸

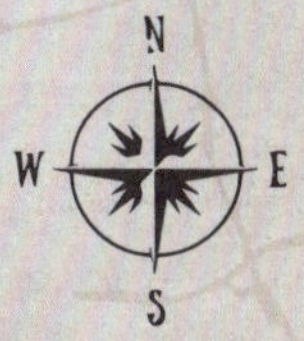

“我的照片墙”

曼德勒

曼德勒是缅甸古都和著名的旅游胜地，被列为联合国世界文化遗产，古迹众多。曼德勒的名字来源于这座城内最高的山丘——曼德勒山。城市道路的布局宛如棋盘，横平竖直，以数字作为街道的名称。在古城正中央，屹立着缅甸最后一个王朝贡榜王朝的皇宫。

长颈族

缅甸的巴东族又被称为长颈族。巴东族人认为长脖子是女性美的一个标志。这个民族的女子从小就用铜条绕颈，随着年龄的增长，铜条也不断增加，这样一来，脖子就越拉越长。铜条也可以显示财富和地位，男子选择对象时都以长脖子作为重要的条件。

有名无姓

大多数的缅甸人有名无姓，通常在名字前面加一冠词，以示性别、年龄、身份和地位。常见缅甸人名前的“吴”是一种尊称，意为“先生”；“杜”是对女子的尊称，意为“女士”；“貌”意为“弟弟”，“玛”意为“姐妹”，“哥”意为“兄长”，“波”意为“军官”，“塞耶”意为“老师”等。例如一男子名“强”，长辈称他为“貌强”，同辈称他为“哥强”，如有一定地位则被称为“吴强”。

蒲甘

蒲甘位于缅甸中部伊洛瓦底江中游左岸，曾是古代缅甸第一个统一的封建王朝蒲甘的首都。在蒲甘，随处可以见到大小不一的佛塔矗立在街头巷尾。据统计，自公元 11 ~ 13 世纪，蒲甘先后建造的佛塔就多达万余座，因此蒲甘也被称为“万塔之城”。

茵莱湖

茵莱湖位于缅甸北部掸邦高原的良瑞盆地上，是缅甸第二大湖。茵莱湖有三大奇观：一是有缅甸最大的水上集市——“伊瓦玛”；二是有罕见独特的浮岛村落和浮岛种植法，这些浮岛可以随湖水的涨落而升降，也可以像船一样划来划去；三是茵莱人用脚划船。

漆器

缅甸漆器手工艺品在传统手工艺中闻名遐迩。漆器是利用钦敦河边产的一种竹子、生长在掸邦地带的黑漆树的树脂、中国的朱砂等用品制作而成的。漆器上面的图案简洁，既有佛教色彩，又有自然特色，极富民族风格。

“我的问题墙”

仰光大金塔是用黄金建成的吗？

仰光大金塔是缅甸最为神圣的佛塔，也是缅甸国家的象征。大金塔的形状像一个倒置的巨钟，用砖砌成，塔身贴有 1 000 多张纯金箔，所用黄金有 7 吨多重。塔的四周挂着 1.5 万多个金、银铃铛，塔顶嵌有红宝石 664 颗、翡翠 551 颗、金刚石 443 颗。所以说，仰光大金塔是名副其实的宝塔。

缅甸男子为什么都得去当和尚？

缅甸是著名的佛教之国，缅甸人认为，男人只有经过隆重的出家仪式，入寺庙当和尚过静修生活才算成人，才能受到社会的尊重。所以在缅甸，几乎所有的男人都会在 20 岁之前削发当一段时间的和尚。据说，和尚在修炼期间需要遵守的戒律多达 227 条。

缅甸为什么被称为“万塔之国”？

缅甸是一个佛教之国，信奉佛教者占全国人口 80％以上，保存有许多历代建筑的佛塔，宏伟壮丽、金光闪烁的佛塔到处可见。据统计，缅甸全国拥有佛塔 10 万多座，若将缅甸所有的佛塔排成一列纵队，可从仰光直达北部的密支那。因此，缅甸素来就有“万塔之国”的美誉。

缅甸为什么要迁都？

2005 年，缅甸政府决定将首都从沿海的仰光迁移至内陆的彬马那。2006 年，迁都完成后，彬马那被改名为内比都。缅甸之所以要迁都，是由于全球气候变暖，海平面逐渐升高，仰光有被海水淹没的可能。另外，仰光的城市扩张已至极限，人口过多，城市拥挤，也是迫使政府迁都的一个重要原因。

India
出发，印度

印度

我的名片

中文名称：印度共和国

首都：新德里

国土面积：约 298 万平方千米

著名景点：阿旃陀石窟、泰姬陵等

主要人口组成：印度斯坦族、泰卢固族、马拉提族、泰米尔族等

人口：13.39 亿（2017 年）

官方语言：印地语、英语

国旗：

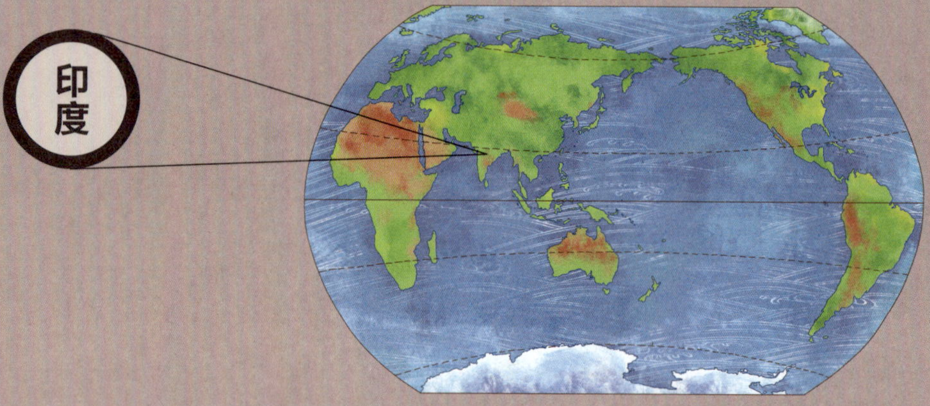

印度

“我的照片墙”

吉祥痣

吉祥痣是印度妇女、小孩额头上的一种装饰，是印度的一种民俗，它是喜庆、吉祥的象征。除红色外，还有黄色、紫色、绿色、黑色等。吉祥痣的形状除圆形外，还有三角形、五角形等。

神牛

牛在印度被视为神物，不仅不能杀、不能吃，还被散放在田野和城市中，自由行走，任何人的物品被它吃了都不能打它，还要拔草供养它。

纱丽

纱丽是印度等国妇女的传统服饰。纱丽是一块长 5 ~ 6 米、宽 1.1 ~ 1.3 米的布料，穿着时以披裹的方式缠绕在身上。印度妇女擅长利用扎、围、绑、裹、缠、披等技巧，使得纱丽在身上产生不同的变化。

献花环

戴花环在印度是欢迎客人常见的礼节，主人要献上一个花环，戴到客人的脖子上。客人越高贵，所串的花环越粗。

电影王国

印度是全世界出产电影最多的国家，年拍摄电影总数可达千部，在全球的观众总数逾 36 亿人次。印度电影风格以全片充满欢快的歌舞场面为特色。

亚洲硅谷

印度的班加罗尔以软件业技术先进而闻名遐迩，享有“亚洲硅谷”的美誉。印度也以其领先全球的软件制造技术而被称为“世界的办公室”。

印度舞蹈

印度舞蹈身姿曼妙，尤以极为丰富而优美的手势组合闻名。印度舞种类繁多，大致分为古典舞、民间舞和宝莱坞舞蹈（电影舞蹈）。其中古典舞历史悠久，在当代属于精英艺术，堪称“印度的芭蕾”。

“我的问题墙”

印度人为什么把恒河称为“圣河”？

恒河是印度北部的大河，她用丰沛的河水哺育着两岸的土地，用肥沃的泥土冲积成辽阔的恒河平原和三角洲。勤劳的恒河流域人民世世代代在这里劳动生息，创造出世界古代史上著名的印度文明。印度教徒认为，恒河水源于神山圣湖，因此恒河是“圣河”，并且认为印度教徒一生至少必须到恒河净身一次，因为恒河水可以洗涤自己的罪恶。

印度人是怎样耍蛇的？

印度的耍蛇者用蛇笛吹出悠扬的乐曲，随着节奏，蛇的颈部渐渐鼓起来，在竹篮子上面翩翩起舞。其实，蛇是没有外耳的，和蛇打交道依靠的不是吹奏出的音乐，而是全凭耍蛇人身体的姿势和动作。吹奏前，耍蛇者会喷洒一些冷水在蛇身上，使它受惊，然后再把笛子放低，面朝蛇吹奏。从笛子里吹出来的气流冲到蛇背上，刺激蛇一跃而起。

泰姬陵是为什么而建的？

在古代印度的莫卧儿王朝，有一个皇帝叫沙贾汗，他非常宠爱他的爱妃泰姬·玛哈尔，两人形影不离。可惜，玛哈尔30余岁就去世了。沙贾汗悲恸欲绝，便决定依照玛哈尔的遗愿，为她修建一座美丽的陵墓。沙贾汗聘请了最好的建筑师和工匠，动用了几万工人，耗费巨资，花了22年时间才将泰姬陵建成。

印度塔尔沙漠是怎么形成的？

塔尔沙漠在夏季受副热带高气压控制，盛行下沉气流，于是空气不能上升而凝结成雨。从西南方吹来的风经过阿拉伯半岛和非洲，因而非常干燥。同时，这里在历史上受人类活动影响大，原始植被遭到大量破坏，地面缺乏植被保护，久而久之，这里就变成了沙漠。

Pakistan

出发，巴基斯坦

巴基斯坦

我的名片

中文名称：巴基斯坦伊斯兰共和国

首都：伊斯兰堡

国土面积：79.6095 万平方千米（不包括巴控克什米尔地区）

著名景点：拉合尔古堡、巴图大清真寺等

主要人口组成：旁遮普族、信德族、帕坦族等

人口：1.97 亿（2017 年）

官方语言：英语

国旗：

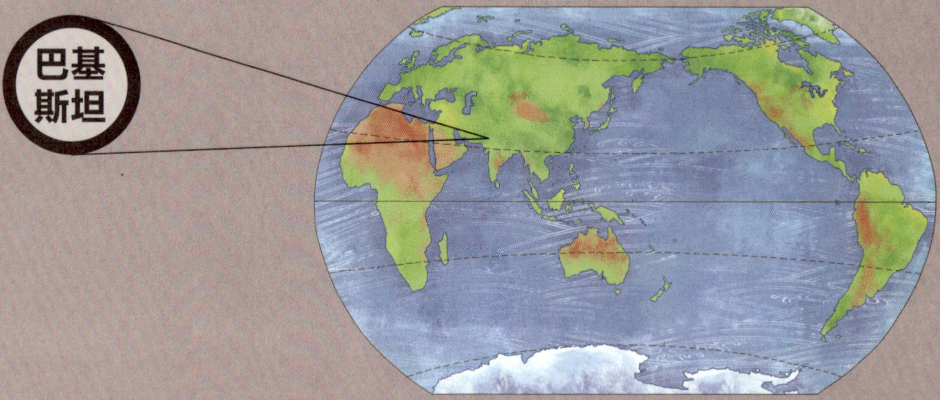

巴基斯坦

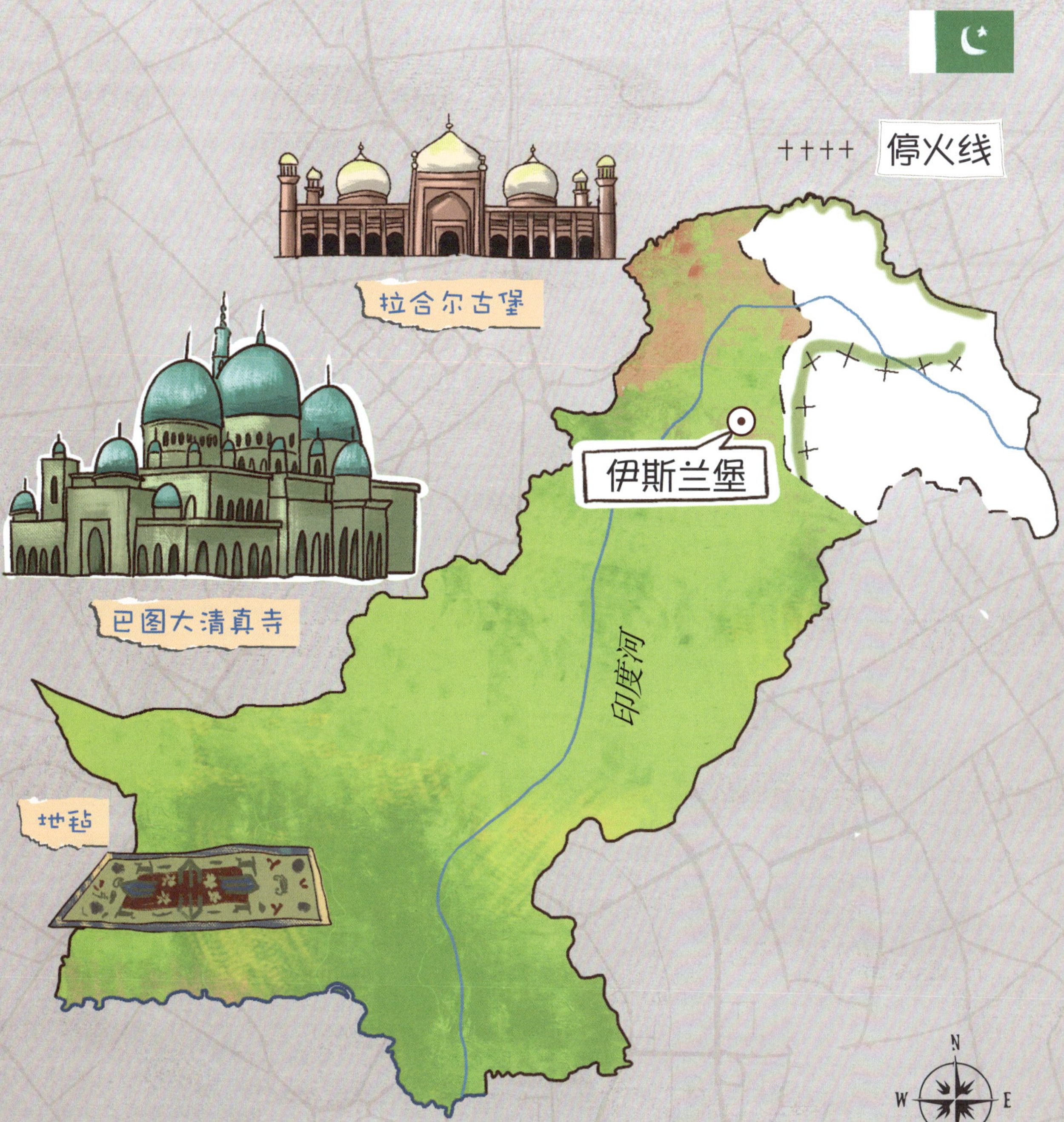

“我的照片墙”

拉合尔古堡

拉合尔古堡位于巴基斯坦东部文化名城拉合尔，被誉为“巴基斯坦的心灵”。古堡始建于公元1021年，当时只是一座泥筑的军事要塞。到了莫卧儿王朝时期，旧城被拆除，修建了砖石结构的堡垒。之后，历代皇帝不断在古堡内修建，使其逐步变成了一座金碧辉煌的皇家宫苑。1981年，联合国教科文组织将拉合尔古堡列入《世界文化与自然遗产名录》。

塔克西拉古城

塔克西拉古城遗址位于伊斯兰堡西北方，是一座建于2500年前的古城，公元前7世纪时已是一座繁华城市。这里曾经是佛教圣地和学者云集的哲学和艺术研究中心，中国高僧法显和玄奘都曾来过此处。

羊肉克拉西

在巴基斯坦，有一道美食久负盛名，当地人把它叫作羊肉克拉西。制作时，要先把羊肉放在锅里用油炒，再加入西红柿、黑胡椒等各种调料炒和炖，最后把汤汁都熬干，整个过程大约需要半小时。吃的时候一般要和一种叫作馕的面饼一起吃。

妇女服饰

巴基斯坦妇女会用长袍、长裤和罩衫遮住全身。而其中大多数的妇女会用一种薄纱巾松松地搭在头上，让垂下来的部分搭在肩上或胸前；少部分妇女会戴上那种只在眼睛处留下小孔或者像针织的“网眼”的“面罩”。

吉拉斯岩画

吉拉斯岩画位于巴基斯坦的山区小镇吉拉斯。在印度河岸两旁一块块黝黑而光滑的岩石上，当地先民描绘了印度河畔不同时期人们社会生活的广阔场景。岩画中的形象不仅有人，而且还有鹿、虎、羊、兔等不同的动物形象。奇怪的是，人们在整个岩画分布区没有发现一个女性形象。

摩亨佐 · 达罗考古遗址

摩亨佐 · 达罗位于巴基斯坦信德省拉尔卡纳县，又称“死丘”或“死亡之丘”，大约于公元前2600年建成。整座城市规划得先进而又科学，所有建筑都用烧制的砖块砌成，有一套完整的下水道系统。比这更神奇的是，摩亨佐 · 达罗这座城市的突然消失，至今无法解释。这座遗址在1980年被列入《世界文化遗产名录》。

“我的问题墙”

巴基斯坦新娘为什么不能笑？

巴基斯坦年轻人的婚礼通常在新娘家举行。按照巴基斯坦的风俗习惯，新娘在整个婚礼中即使心里充满喜悦，脸上也必须表现出哀愁的样子，而且愁容越重越会受到人们的尊重。这样做是为了表现新娘对自己娘家人恋恋不舍的心情。

为什么说巴基斯坦是“奶茶王国”？

喝奶茶是巴基斯坦人世代的嗜好。无论机关、学校、企业，还是街头巷尾，茶馆比比皆是，人们渴了、饿了、累了、乏了，都要到茶馆去喝一杯奶茶。奶茶在巴基斯坦人日常生活中的地位极其重要，所以说，巴基斯坦是名副其实的“奶茶王国”。

流经巴基斯坦的大河为什么叫印度河？

印度和巴基斯坦本是一个统一的国家，后来沦为英国的殖民地。1947 年 8 月 14 日独立时，被分为印度和巴基斯坦两个国家。流经巴基斯坦的大河在古代被视作印度的门户和象征，被冠以“印度”之名。虽然今天它已不再属于印度，但人们也不想再更改已经沿用了数千年的古老名称。

印度河一年为什么有两次汛期？

印度河发源于喜马拉雅山脉，在 3 ～ 4 月份春季来临时，山上有大量的积雪融水注入，因而形成春汛。7 ～ 8 月份夏季来临时，印度河所在的南亚地区受西南季风影响，降水量大，因而印度河形成夏汛。

Turkey
出发，土耳其

土耳其

我的名片

中文名称：土耳其共和国

首都：安卡拉

国土面积：78.36 万平方千米

著名景点：阿尔忒弥斯神庙、毛瑟陆斯陵墓等

主要人口组成：土耳其族、库尔德族

人口：8 075 万（2017 年）

官方语言：土耳其语

国旗：

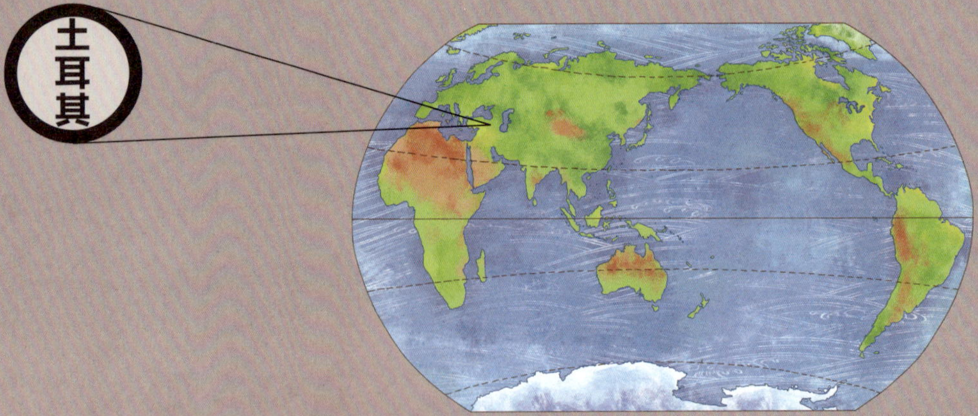

土耳其

“我的照片墙”

阿尔忒弥斯神庙

阿尔忒弥斯神庙的遗址位于土耳其的爱奥尼亚海滨，是古代世界七大奇迹之一。神庙大约初建于公元前652年，之后多次翻新修建，断断续续进行了100多年才奠定了神庙的规模。阿尔忒弥斯神庙屡遭洗劫，变得满目疮痍。如今人们从残存的遗迹中，依然可以想见它当年的雄姿。

索菲亚大教堂

索菲亚大教堂是一座拜占庭式建筑，有“改变了建筑史”的美誉，位于土耳其的伊斯坦布尔，因巨大的圆顶而闻名于世。现存的教堂是建造在同一个地方的第三所教堂，从15世纪中叶开始，大教堂一度以清真寺的面目出现。1935年，第一任土耳其总统将索菲亚大教堂变为博物馆。

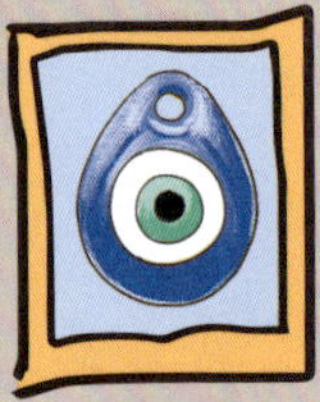

土耳其之眼

土耳其之眼由玻璃烧制而成，又称土耳其蓝眼睛、恶魔眼，标准称呼为“美杜莎之眼”。在土耳其，美杜莎之眼被抽象成圆形鱼眼状的装饰物，它们无处不在，是土耳其人的护身符。

卡帕多西亚

卡帕多西亚被美国《国家地理》杂志社评选为十大地球美景之一。卡帕多西亚地区山峦起伏，沟壑纵横，沟壑与谷涧之中，是一片又一片冲天而立的“石柱森林”。它独特的喀斯特地貌与月球表面类似，被称为“地球上最像月球的地方”，也是地球上最适合乘热气球的两个地方之一。

棉花堡温泉

棉花堡温泉是土耳其著名的温泉胜地，是世界文化遗产之一。层层相叠的半圆形白色天然石灰岩阶梯地形，远看就像棉花团，棉花城堡由此得名。这里的温泉水富含钙和镁的硫酸盐及重碳酸盐等，水温介于36℃～38℃，不仅可以用来沐浴，还能直接供人饮用，同时还有助于治疗风湿、皮肤病等病症。

特洛伊古城遗址

特洛伊古城遗址是土耳其的一座著名遗址，1998年被列入《世界遗产名录》。它是一座被载入《荷马史诗》的传奇城市，史诗中叙述的“特洛伊木马计”的故事就发生在这里。特洛伊是公元前16世纪前后古希腊人渡海所建，曾一度非常繁荣。而对该遗址的发掘始于19世纪中期，考古学家在深达30米的地层中发现了分属9个时期的遗迹。

“我的问题墙”

君士坦丁堡为什么改名叫伊斯坦布尔?

君士坦丁堡原称拜占庭，罗马帝国皇帝君士坦丁大帝于公元 330 年宣布迁都拜占庭，并改名为君士坦丁堡，意谓“君士坦丁之城”。1453 年，君士坦丁堡被奥斯曼帝国占领，并成为奥斯曼帝国首都，从此更名为伊斯坦布尔。

土耳其人为什么在浴池里选新娘?

信奉伊斯兰教的土耳其女子平时除了用头巾包住头和脸部外，还穿着厚实的长袍，外人无法看清女子的长相和身材，这样一来，土耳其浴室就成了未来婆婆挑选儿媳的重要场所。一般来说，未来婆婆在媒人的陪同下邀请未来儿媳一同沐浴。在浴室里，未来婆婆就可以看清未来儿媳的长相和身材了。

世界上最小的海是什么海?

世界上最小的海是土耳其的内海——马尔马拉海，它东西长 270 千米，南北宽约 70 千米，面积为 11 350 平方千米，是世界上最小的海。同时，它也是黑海－地中海－大西洋的必经之地，地理位置十分重要，历来是兵家必争之地。

土耳其海峡的水是怎么流动的?

黑海地区的降水量多于地中海地区，而且黑海汇入了包含多瑙河在内的一些大河，同时黑海纬度相对偏高，蒸发量偏小，因此黑海海面高于地中海海面，表层海水经土耳其海峡（包括伊斯坦布尔海峡、马尔马拉海和达达尼尔海峡三部分）由黑海流向地中海，底层洋流流向则正好相反。

Saudi Arabia

出发，沙特阿拉伯

沙特阿拉伯

我的名片

中文名称： 沙特阿拉伯王国

首都： 利雅得

国土面积： 225 万平方千米

著名景点： 麦加大清真寺、麦地那清真寺等

主要人口组成： 阿拉伯人

人口： 3 294 万（2017 年）

官方语言： 阿拉伯语

国旗： 

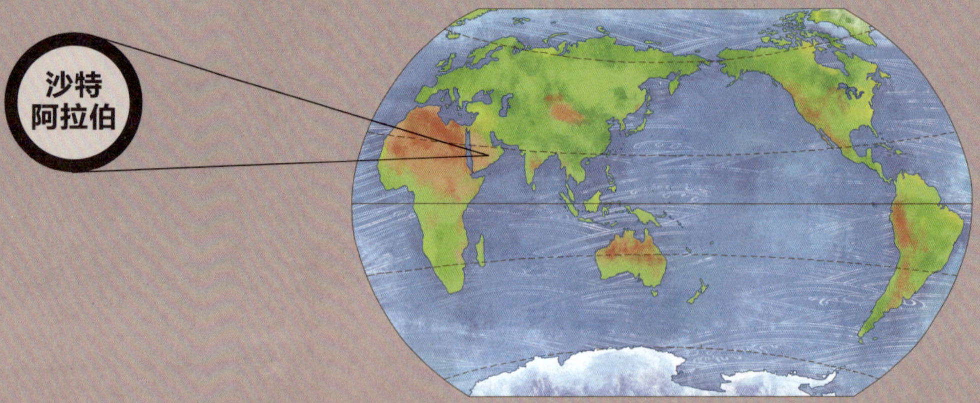

沙特阿拉伯

“我的照片墙”

石油王国

沙特以石油王国著称，石油和天然气资源极为丰富，是世界上石油储量、产量和销售量最多的国家之一。已探明的石油储量居全球之冠，约占世界总储量的1/4。石油的发现，让沙特阿拉伯从一个贫困的国家发展成人均收入位于世界前列、实力雄厚的国家。

椰枣

阿拉伯有句谚语，“每天吃椰枣，毒邪不上身”，阿拉伯人对椰枣的推崇可见一斑。在沙特，没有人不喜欢吃椰枣。每年斋月，在吃晚上的开斋饭时，椰枣更是餐桌上不可或缺的食物。吃正餐前，必须得吃上几颗椰枣，以减轻饥饿感，降低食欲。

禁酒

沙特利用严格的法律进行禁酒。饮酒者如被抓获，要当众鞭打80下，或者被监禁6个月到1年，另外还要处以罚款。买酒，私酿酒或酒后开车者，均要处以重刑，最严厉的甚至要斩首示众。在沙特，所有的餐馆和饭店都不供应酒类饮料，只向顾客提供各种不含酒精的“啤酒”和“香槟酒”等。

麦加朝觐

麦加是伊斯兰教的第一圣地。在每个伊斯兰教历的12月，众多的穆斯林都会聚集于此，参加一年一度的朝觐，这是伊斯兰教最盛大的宗教活动。城中心的麦加大清真寺是他们前去朝觐礼拜的主要圣地。

哈尔瓦

阿拉伯人嗜好甜食。甜食即点心，统称为“哈尔瓦”，它们的共性就是甜透心窝。点心上撒一层层细糖，刷上蜂蜜，蜂蜜上再加一层糖。“哈尔瓦”质地非常柔软，甜中带一丝丝的咸味，入口松软，不干不燥，容易消化。

骆驼市场

在沙特阿拉伯的首都利雅得郊外，开设有全球最大的骆驼交易市场。每天都有数千头黑色、红色、白色和褐色的大小骆驼在这里被转手。每到周末，骆驼市场就会格外热闹，除了买家，还有不少来此游玩和观赏骆驼的人。

“我的问题墙”

麦加为什么是穆斯林的圣地？

麦加是伊斯兰教的第一圣地，因为伊斯兰教创始人穆罕默德就诞生于此。穆罕默德最初在麦加创立和传播伊斯兰教，但是遭到反对和迫害。公元 630 年，穆罕默德率兵攻占麦加，并把多神教的圣殿改为伊斯兰教清真寺，所以麦加城中心的这座大清真寺是穆斯林心中最神圣的地方。

沙特阿拉伯人为什么用树枝刷牙？

沙特阿拉伯人把铅笔粗细的树枝修剪成小拇指长短，叫作“剔牙杖”。使用时把剔牙杖夹在中指和无名指中间，边刷牙边咀嚼树枝。据说这样可以确保卫生，并且能方便清理牙缝，而且不需像牙刷一样整排摩擦。因此尽管牙刷很容易买到，但很多当地人仍然偏好到药店购买传统的剔牙杖。

沙特阿拉伯的房子为什么墙壁厚窗户小？

世界各地民居的建筑风格有很大的不同，但基本都与当地的自然环境有很大关系。沙特阿拉伯主要属于热带沙漠气候，全年炎热干燥，日夜温差较大，为了减少房屋里的温度变化，人们便将房屋的墙建得比较厚，同时将窗户建得比较小。

为什么沙特阿拉伯的水比石油贵？

沙特阿拉伯位于北回归线附近，终年受副热带高气压带及低纬信风带的影响，全年干旱少雨，因此沙漠广布，淡水极其紧缺。但是沙特阿拉伯却拥有丰富的石油资源，每天的石油产量也非常惊人。所以，在沙特阿拉伯，淡水比石油珍贵得多。

Singapore

出发，新加坡

新加坡

我的名片

中文名称：新加坡共和国

首都：新加坡

国土面积：719.9 平方千米（2017 年）

著名景点：圣淘沙岛、佛牙寺等

主要人口组成：华人、印度人、马来人等

人口：561 万（2017 年）

官方语言：英语、华语、马来语、泰米尔语

国旗：

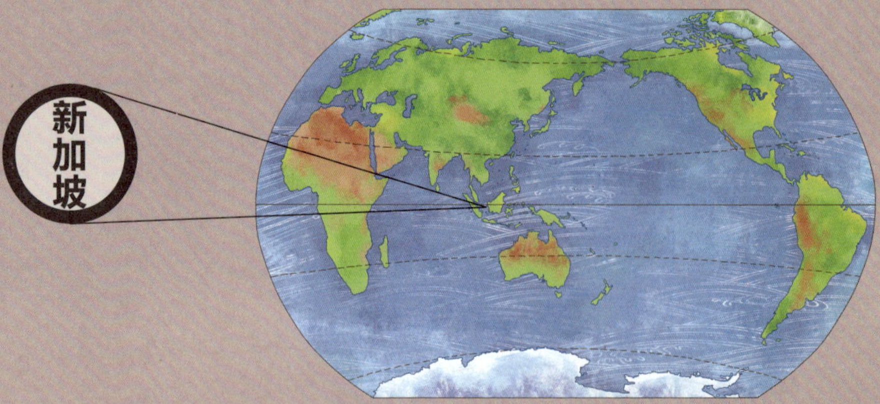

新加坡

“我的照片墙”

佛牙寺

佛牙寺坐落于牛车水中心地区，楼高五层，全按中国唐代佛寺风格建筑而成。正殿供奉一尊庄严的弥勒尊佛，又称“未来佛”“弥勒如来”。寺内，由信徒捐资打造的重达320千克的金制舍利塔之中，置有佛教徒的圣物——佛牙舍利。

裕廊飞禽公园

裕廊飞禽公园被誉为东南亚最壮观的“鸟类天堂”，是世界上最大的飞禽公园。园内有目前世界上最大的步行鸟舍和全世界第二大企鹅展示区“企鹅官”。公园坐落在裕廊山上，建于1971年。主要景点包括飞禽知识馆、非洲瀑布鸟舍、彩鹦谷、东南亚鸟舍和黑暗世界等。

鱼尾狮

鱼尾狮是新加坡市中心著名喷水雕塑，是新加坡的城市地标。鱼尾狮塑像的狮头设计灵感来自《马来纪年》的记载。

胡姬花

新加坡的国花是一种名为卓锦·万代兰的胡姬花。花朵清丽端庄，生命力强，象征着新加坡人刻苦耐劳、果敢奋斗的精神。

圣淘沙岛

圣淘沙岛是新加坡著名的度假旅游岛。与本岛隔海相望，面积仅仅3平方千米多，每年却吸引着几百万的各国游客。历史上，小岛曾经是英军基地。岛上有迷人的海滩和全亚洲最大的水上公园。

鸡肉沙爹

香味四溢的鸡肉沙爹是新加坡著名的马来美食，鸡肉串经炭火一番烧烤后，再配上饭团、切片鲜黄瓜和洋葱，就是一道美味可口的小吃。再蘸上精心调制的沙爹花生酱，称得上绝顶美味，是本地人和游客的最爱美食之一。

我的问题墙

新加坡人为什么会说中文？

早在中国的唐朝时期，就有很多华侨陆陆续续下南洋，加强了对南洋的开发建设。因此，新加坡很多人都是中国人的后裔。目前在新加坡人口中，几乎 80% 是华人或者华人后裔，而且以广东、福建人最多，所以新加坡汉语以普通话、闽南语和客家话为主。

新加坡为什么被称为“狮城”？

据马来史籍记载，公元 1150 年前后，苏门答腊的一位王子乘船到达此岛，看见一只怪兽，当地人告诉他这是狮子，于是，王子便以“狮城”为之命名。新加坡就是梵语“狮城”之谐音，是由于当地居民受印度文化影响较深，喜欢用梵语作为地名。

新加坡为什么总是下雨？

新加坡全部国土都位于赤道附近的热带地区，接受太阳的热量多，水汽蒸发多，同时空气强烈上升，因而容易形成对流雨。所以，新加坡常年气温变化不大，雨量充足，空气湿度高，气候温暖而潮湿，属于热带雨林气候，年降雨量在 2 400 毫米左右。

新加坡为什么会缺水？

新加坡虽然地处热带雨林气候区，年降水量大，但是新加坡面积狭小，国土面积只有七百多平方千米，没有大河，所以地下水资源严重不足。加上新加坡人口稠密，经济发达，用水量大，所以新加坡缺水严重。

Maldives

出发，马尔代夫

马尔代夫

我的名片

中文名称： 马尔代夫共和国

首都： 马累

国土面积： 陆地面积 298 平方千米

著名景点： 天堂岛、太阳岛、双鱼岛等

主要人口组成： 马尔代夫族

人口： 43.6 万（2017 年）

官方语言： 迪维希语

国旗： 

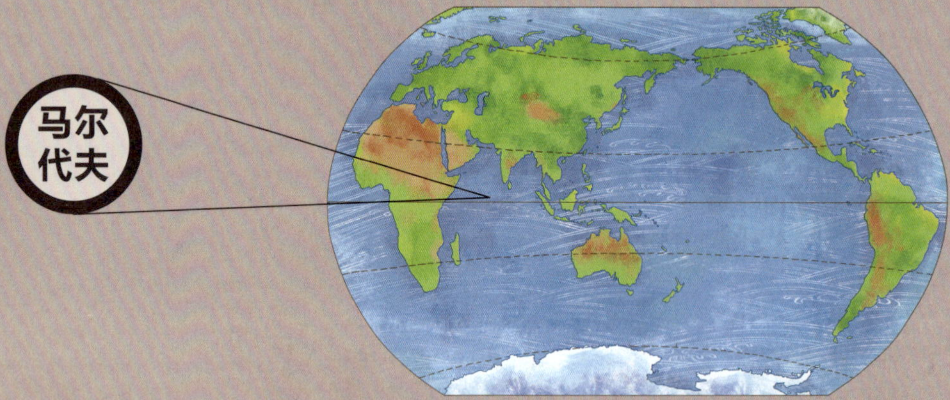

马尔代夫

“我的照片墙”

天堂岛

天堂岛是马尔代夫著名的度假海岛，位于马尔代夫马累环礁群。岛的总长度为 931 米，宽为 250 米。岛上有 40 幢建在海滩的“水中别墅”，以及 200 套面向大海的海景套房。天堂岛最吸引人的是海的颜色，船在海面上，像是悬浮在无瑕的碧玉上面。

星期五清真寺

星期五清真寺是马尔代夫最古老的清真寺。星期五清真寺始建于 1656 年，通体白色。这是一个由珊瑚石建成的美丽建筑，上面有错综复杂的装饰，并刻有《古兰经》经文。虽然历经几百年的风雨，但是白色的珊瑚石依然保持着独有的色泽。

太阳岛

太阳岛位于南马尔代夫阿瑞环礁群岛，是马尔代夫最大的休闲度假村。岛上生长着无数高大的椰树、棕榈树和浓密的热带植被，宽阔的海滩和白沙围绕在岛的周围，岛上花香四季，鸟语啁啾，美景令人陶醉。

咖尔迪亚

咖尔迪亚是马尔代夫历史悠久、赞誉最多的传统家庭菜肴。咖尔迪亚以蒸香蕉、薯类或面糕作为主食出现，以碎洋葱、椰肉、青柠檬汁等作为菜色部分。除此之外，松鱼肉片汤也是不可或缺的一种，它常在马尔代夫人招待宾客和节庆祝典的宴会上出现。

多尼船

多尼船在马尔代夫充当着卡车兼汽车的功能。多尼船有多种形状和规格，坚稳的构造适合航行于颠簸的波浪间，时速约 13 ～ 15 千米。具有丰富的航海经验与独到的方向定位感的船长使用单脚或两腿掌舵前进、转弯。

祷告

作为伊斯兰国家，马尔代夫的国民每天会进行 5 次祷告。第一次晨礼（日出前的一个小时），第二次晌礼（正午太阳偏西），第三次晡礼（下午三点半左右），第四次昏礼（日落时分），第五次宵礼（天黑）。每到礼拜时间，当地电视频道停止播放节目，公司电脑屏幕全部转换成清真寺，唱经楼上响起呼唤祈祷的声音，商店、政府部门关门 15 ～ 30 分钟。

“我的问题墙”

马尔代夫为什么没有猫？

在马尔代夫，人们认为猫会给他们带来灾祸，所以当地人都不爱养猫，因此马尔代夫是世界上唯一的“无猫国”。

马尔代夫为什么要建海水淡化厂？

马尔代夫国土面积狭小，地势起伏大，河流流域面积小，河水流速快，因此蓄水区域少，淡水资源很快就会流入海洋。所以，马尔代夫只好向海洋要水，建立海水淡化厂，将海水淡化后提供给居民使用。目前，马尔代夫全国95% 以上的淡水都来自海水淡化厂。

马尔代夫为什么被公认为“人间天堂”？

马尔代夫以珊瑚礁和阳光沙滩闻名于世。从高空望去，马尔代夫就像是印度洋上的一串明珠：1 000 多个苍翠群岛镶嵌在蔚蓝海面上，如同珍珠一样光彩夺目。这里的海水澄净，还有美丽的珊瑚、色彩斑斓的小鱼，在这里仿佛能忘记一切烦恼，所以大家都说这里是“人间天堂”。

为什么说马尔代夫即将消失？

马尔代夫是一个群岛国家，平均海拔只有 1.5 米。由于目前全球气候变暖越来越严重，导致冰川融化，海平面不断上升。最近一项研究结果显示，20世纪末，海平面已经上升约60厘米。如果这种情况得不到遏制，马尔代夫将很快被海水淹没。

出版策划：张焱宏
美术编辑：周邦雄
装帧设计：木　木
　　　　　桃　子
特邀审校：段桂华
　　　　　杨　凡

第2卷
欧洲

地图里的世界

带着问题去旅行

斯塔熊文化 编绘

山东友谊出版社

图书在版编目（CIP）数据

地图里的世界：带着问题去旅行 / 斯塔熊文化编绘．
--济南：山东友谊出版社，2020.5

ISBN 978-7-5516-1959-2

Ⅰ.①地… Ⅱ.①斯… Ⅲ.①地理－世界－问题解答
Ⅳ.①K91-49

中国版本图书馆CIP数据核字（2019）第194101号

地图里的世界：
带着问题去旅行

DITU LI DE SHIJIE：DAI ZHE WENTI QU LVXING

制　　作　墨明青简
责任编辑　肖　静
主管单位　山东出版传媒股份有限公司
出版发行　山东友谊出版社
地　　址　济南市英雄山路189号　　邮政编码　250002
电　　话　出版管理部（0531）82098756
　　　　　市场营销部（0531）82098035（传真）
印　　刷　鸿博睿特（天津）印刷科技有限公司
开　　本　720mm×1000mm　1/12
字　　数　200千字
印　　张　19.5
版　　次　2020年5月第1版
印　　次　2020年5月第1次印刷
审 图 号　GS（2019）3627号
定　　价　108.00元（全5册）

目录

Contents

U.K.

出发，英国

英国

我的名片

中文名称： 大不列颠及北爱尔兰联合王国

首都： 伦敦

国土面积： 24.41 万平方千米（包括内陆水域）

著名景点： 白金汉宫、大本钟、伦敦眼等

主要人口组成： 英格兰人、苏格兰人、威尔士人等

人口： 6 602 万（2017 年）

官方语言： 英语

国旗： 

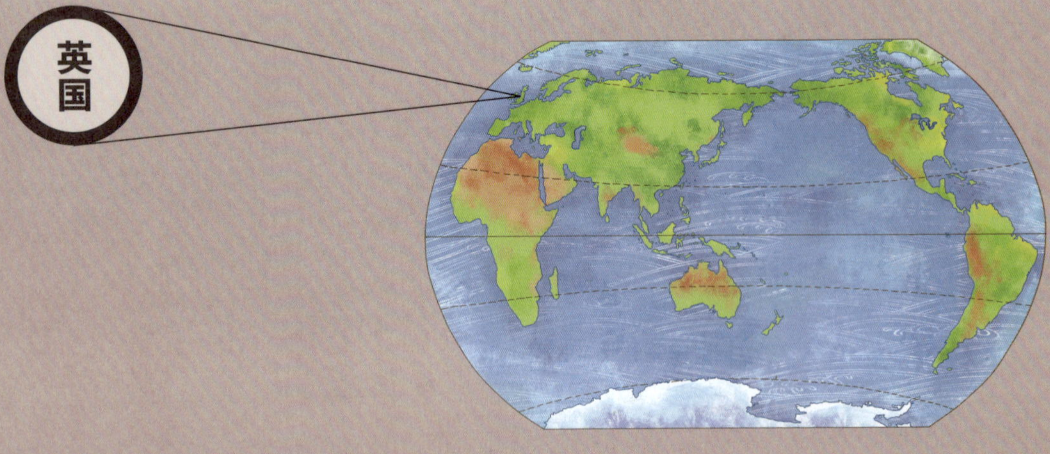

英国

“我的照片墙”

白金汉宫

白金汉宫位于伦敦，是英国君主的主要寝宫及办公处，始建于 1703 年，起初只是一座大型镇厅建筑，1837 年维多利亚女王登基后才正式成为英国王宫。白金汉宫现在可对外开放参观，其中著名的禁卫军交接典礼，成为英国王室文化的一大景观。

莎士比亚故居

莎士比亚故居位于英国斯特拉特福镇亨利街。整个斯特拉特福就像是一座和莎士比亚有关的大型博物馆，它 400 多年前的样子被保存至今，小镇是英国人引以为豪的地方。

伦敦眼

伦敦眼又称千禧之轮，矗立在伦敦泰晤士河畔的兰贝斯区，是为了庆祝公元 2000 年而兴建的，也是世界上首座观景摩天轮。它于 1999 年年底开幕，总高度 135 米，由平台处的两座马达带动旋转，有 32 个封闭座舱，每舱可容纳约 25 人。

伊丽莎白塔

伊丽莎白塔是位于泰晤士河畔的一座钟楼，其上面的报时钟被称为大本钟，是伦敦市的标志以及英国的象征。这里是英国人们庆祝新年的传统景点，收音机和电视都会播出它的钟声来迎接新一年的开始。

英国皇家卫队

英国皇家卫队是专为英国王室尤其是君主安全效力的一支“御林军”。队员们头戴熊皮帽子，身着红色制服，威武雄健。在伦敦，最容易看到皇家卫队的地方就是白金汉宫门前。每天中午，这里都会举行卫兵换岗仪式。

英国女王伊丽莎白二世

伊丽莎白二世是现任英国女王，英联邦元首，国会最高首领。伊丽莎白二世于 1952 年 2 月 6 日登基，1953 年 6 月 2 日加冕女王，是英国皇室迄今为止在位时间最长的君主。

爱尔兰肘风笛

爱尔兰肘风笛是爱尔兰特有的风笛，其皮囊一端是个大粗管，上面连着 4 根细管；皮囊的另一端连着 1 根细管，这根细管像笛子一样有出气孔。这种风笛靠肘部的鼓风器给气囊鼓风，由气囊带动簧管发声。在音色上，爱尔兰肘风笛听上去低沉圆润，在独奏时可营造出一种哀婉的气氛。

“我的问题墙”

伦敦为什么被称为“雾都”？

英国是大西洋中的一个岛国，在西风和北大西洋暖流的影响下，伦敦的气候温暖潮湿，属于温带海洋性气候，因此会经常形成大雾。20世纪初，伦敦的工业和交通迅速发展，工矿企业和汽车排出的大量烟尘飘浮在空气中，为雾的形成创造了条件。由于这两个原因，伦敦在20世纪多发大雾，有了“雾都”之称。

英国绅士为什么总要手提一把雨伞？

英国西临大西洋，属于海洋性气候，雨水较多，特别是在冬季，从每年的 11 月份到第二年的 4 月份是英国最潮湿的时候，常常是一周都见不到阳光，每天都能下 3 ~ 5 个小时的雨。因此，绅士出门时就会带上一把伞。久而久之，雨伞变成了一种装饰，也成了绅士的标志！

英国为什么把钻石定为国石？

英国人视钻石为宝石之冠。在所有宝石中，钻石的硬度最高，英国的男人喜欢用钻石代表自己的坚定和果敢；女人则愿意用钻石比喻自己的圣洁和高贵。英国人很早就把钻石作为男女间的定情物，这一习俗后来就被西方多数地区所采纳，并传播到东方。

苏格兰男人为什么穿格子裙？

苏格兰方格裙起源于一种叫“基尔特”的古老服装。这是一种从腰部到膝盖的短裙，在苏格兰人看来，“基尔特”不仅是他们爱穿的民族服装，而且是苏格兰民族文化的标志。1707 年，苏格兰与英格兰合并后，“基尔特”作为苏格兰的民族服装被保留下来，并流传至今。

Russia

出发，俄罗斯

俄罗斯

我的名片

中文名称：俄罗斯联邦

首都：莫斯科

国土面积：1 709.82 万平方千米

著名景点：克里姆林宫、红场等

主要人口组成：俄罗斯族、乌克兰族等

人口：1.46 亿（2017 年）

官方语言：俄语

国旗：

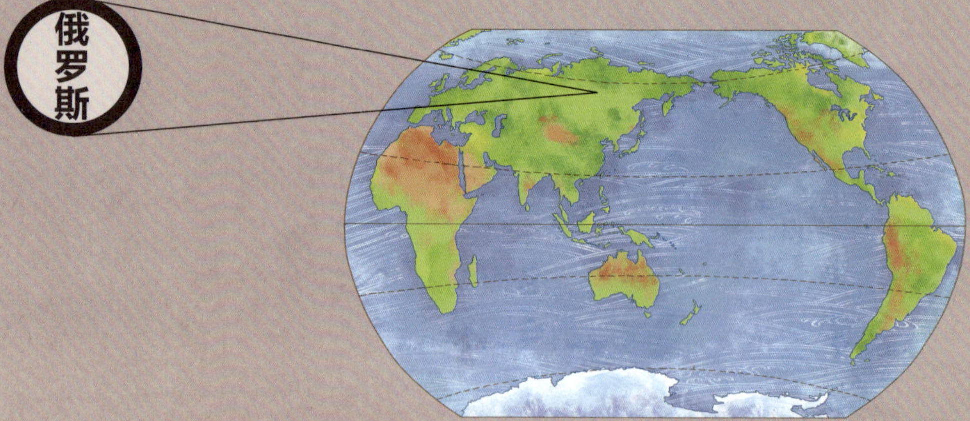

俄罗斯

“我的照片墙”

普希金造型艺术博物馆

普希金造型艺术博物馆位于莫斯科，始建于1898年，1912年落成，收藏着从古代埃及、巴比伦直到今天各个时代的54.3万件艺术品，是俄罗斯收藏古今艺术品最多的博物馆之一。为了纪念伟大的俄国诗人普希金，1937年，这个博物馆被命名为普希金博物馆。

克里姆林宫

克里姆林宫是一组建筑群，位于莫斯科市中心，濒临莫斯科河，曾为莫斯科公国和18世纪以前的沙皇皇宫，享有“世界第八奇景”的美誉，是俄罗斯的象征。克里姆林宫始建于1156年，初为木墙，后来屡经改建扩建，至19世纪40年代建成大克里姆林宫。

红场

红场与克里姆林宫相毗连，二者一起被列入《世界文化遗产名录》。红场是重大历史事件的见证场所，也是俄罗斯重要节日举行群众集会、大型庆典和阅兵活动的地方，于15世纪建成，长695米，宽130米，占地约9万平方米。红场的地面全部由条石铺成，显得古老而神圣。

莫斯科大彼得罗夫大剧院

莫斯科大彼得罗夫大剧院简称莫斯科大剧院，是莫斯科有名的芭蕾舞与歌剧剧院，始建于1776年，现存建筑是1825年重新修建的。该剧院拥有世界一流的歌剧团、芭蕾舞团、管弦乐团和合唱团，其经典剧目《天鹅湖》蜚声世界。

死亡谷

死亡谷位于俄罗斯堪察加半岛的克罗诺基山区，是世界五大死亡谷之一。谷长2 000米，宽100～300米，地势崎岖，怪石嶙峋。据统计，至少曾有30人命丧于此。这里不仅是人的死亡谷，也是野兽的死亡谷。科学家曾对死亡谷进行过多次探险考察，但危险的原因仍是众说纷纭。

面包和盐

俄罗斯人迎接贵客时，习惯在铺着绣花面巾的托盘上放上大圆面包，在面包上放上一小包盐。在俄罗斯的历史上的一个时期，盐很昂贵，9～11世纪时，即使在大公举行的宴会上，也只有贵宾席才有盐。现在，通常在隆重的场合才这样做。

“我的问题墙”

俄罗斯东部为什么人口稀少？

俄罗斯是一个传统的欧洲国家，后来才不断向西伯利亚扩展。但由于东部地区气候寒冷，交通不便，冻土广布，不适合农业发展，所以去往那里的除了军队就是被流放的犯人，因此基础建设不多。不过那里各种自然资源丰富，吸引了大量商人，所以还是有少数较繁荣的城市。

俄罗斯人为什么爱喝伏特加酒？

俄罗斯的冬季漫长且严寒，而伏特加酒精纯度较高，入口即可感受高酒精度带来的灼热感，因此俄罗斯人常在冬季饮用浓烈的伏特加来驱走寒气。而在夏季，俄罗斯人则直接饮用从冰箱里拿出来的冰镇伏特加。值得一提的是，这时候酒杯也最好是冰凉的。

俄罗斯特产套娃是怎样制作的？

“套娃”是俄罗斯特产的木制玩具，一般由多个图案一样的空心木娃娃一个套一个组成，最多可达十多个。莱姆树、桦树是制作套娃的理想木材。根据套娃尺寸和数量的不同，树木晾干的年份也会有差异。每个娃娃要经过 15 道工序，大小都不用工具测量，而是艺术家们凭感觉和经验而定。他们独特的手工设计使套娃们与众不同，深受大家的喜爱。

俄罗斯人为什么爱洗“冰”桑拿？

西伯利亚地区的冬天特别漫长，所以当地俄罗斯人洗桑拿的方式也分外独特。他们在冰冻的河边建起桑拿间，然后在河中凿出一个大洞。人们在蒸汽间里蒸得浑身通红后，立刻向外冲出，从洞口跳下去，一头扎进刺骨的河水中。有的人从桑拿屋跑出来，就直接在雪中打起滚来。他们相信这种让身体温度急剧变化的做法有保健功能。

Greece

出发，希腊

希腊

我的名片

中文名称：希腊共和国

首都：雅典

国土面积：13.1957 万平方千米

著名景点：雅典卫城、奥林匹亚宙斯神殿等

主要人口组成：希腊人、马其顿人、土耳其人等

人口：1 075 万（2017 年）

官方语言：希腊语

国旗：

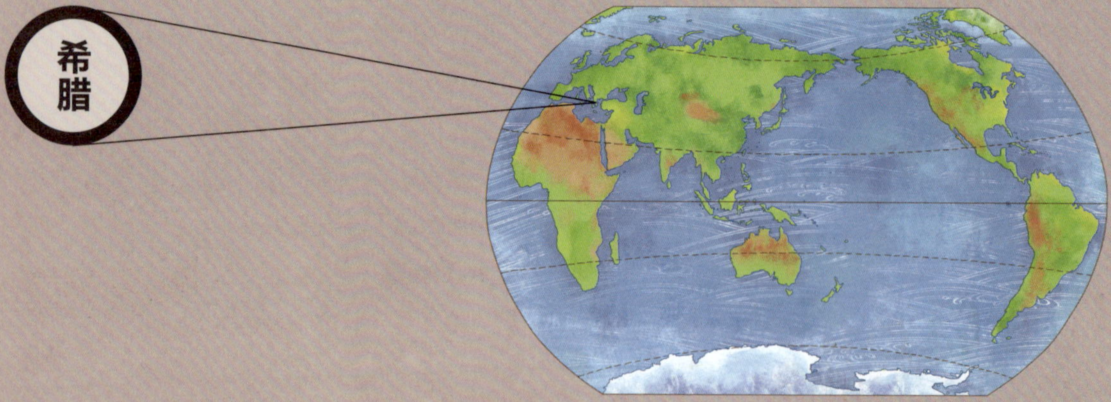

希腊

“我的照片墙”

《荷马史诗》

《荷马史诗》是世界上最早的史诗，包括《伊利亚特》和《奥德赛》两个部分，由古希腊的盲诗人荷马根据民间流传的短歌综合编写而成。《荷马史诗》不但文学价值高，也是古希腊公元前11世纪到公元前9世纪的唯一文字史料，反映了迈锡尼文明的盛况，所以这一时期也被称为“荷马时代”或“英雄时代”。

雅典卫城

雅典的市名来源于希腊神话中的城市女神雅典娜。雅典卫城是希腊最杰出的古建筑群。公元前580年，在雅典市中心的小山上建起了雅典娜神庙，周围是为防御敌人进攻而建的城堡，就是雅典卫城。而这座小山后来被人们称为“卫城山”。

奥林匹亚宙斯神殿

宙斯神殿是古希腊最大的神庙之一，位于希腊雅典奥林匹亚村，是为了祭祀宙斯而建的。现今神庙已毁，只留下13根顶天立地的石柱，向人们述说着当年的辉煌。传说宙斯神殿曾供有宙斯神像，以象牙和黄金的塑像而闻名于世，但如今已无法一睹其真迹。

帕特农神庙

帕特农神庙坐落在雅典卫城中央，是其最重要的主体建筑。它是希腊全盛时期建筑与雕刻的主要代表，有“希腊国宝”之称。帕特农神庙是公元前447年为雅典城邦守护神雅典娜而建的祭殿。神庙背西朝东，耸立于3层台阶上，玉阶巨柱，遍饰浮雕，蔚为壮观。

费拉小镇

费拉小镇位于圣托里尼岛的中部，是圣托里尼岛居民的主要居住点。在小镇西面的悬崖边，白色民居和酒店像鸽舍似的建造得密密麻麻，并且向南向北绵延伸展，构成一道独特的风景线。

菲达奶酪

菲达奶酪是希腊享誉国内外的最有名的奶制品和标志性美食。根据欧盟法律，仅有希腊可以生产菲达奶酪。菲达奶酪以羊乳作为原料，色泽乳白，质地柔软，有咸味，常用于制作开胃菜。

“我的问题墙”

特洛伊战争是怎么回事？

公元前 1193 年，希腊斯巴达王兴兵讨伐特洛伊。特洛伊城易守难攻，双方军队对峙多年。最后，英雄奥德修斯献上妙计，让希腊士兵全部登上战船，制造撤兵的假象，并故意在城前留下一匹巨大的木马。特洛伊人高兴地把木马当作战利品推进城去。当晚，正当特洛伊人沉湎于美酒和歌舞的时候，藏在木马腹内的希腊士兵杀出，打开城门，里应外合，攻陷了特洛伊。

为什么希腊人一年过两次生日？

在希腊的东正教家庭，孩子出生后的 40 天到一周岁之内，必须在教堂接受洗礼。洗礼和教名的命名仪式是同时举行的。大部分希腊人的名字选自东正教圣徒之名，只要是圣徒的诞辰日，取与他相同名字的人就会过命名日。因此，希腊人一年要过两个生日，即出生纪念日和命名纪念日。一般来说，希腊人更重视命名日。

第一届现代奥运会为什么在雅典举行？

1894 年，在巴黎索邦神学院（今巴黎大学）举行的第一届奥委会会议上，法国体育活动家顾拜旦向参加会议的 11 个国家的体育界代表提出复兴奥林匹克运动的想法。由于希腊是奥林匹克的发源地，于是，奥委会成员们一致决定，由希腊的雅典作为 1896 年首届现代奥运会的举办地。

希腊人为什么送石头当礼物？

这是希腊人的一种传统民俗。在新年那天，出门做客的希腊人都会怀揣一块大石头，进门时丢在主人家中，口里念念有词：“希望主人的钱袋比这块石头还要沉。”如果携带的石头很小，他们就会换种说法：“希望主人的白内障比这块石头要小得多。”他们认为这样会给主人带去吉利。

Sweden

出发，瑞典

瑞典

我的名片

中文名称：瑞典

首都：斯德哥尔摩

国土面积：45 万平方千米

著名景点：斯德哥尔摩王宫、斯德哥尔摩老城等

主要人口组成：瑞典人、北部萨米族

人口：1 005 万（2017 年）

官方语言：瑞典语

国旗：

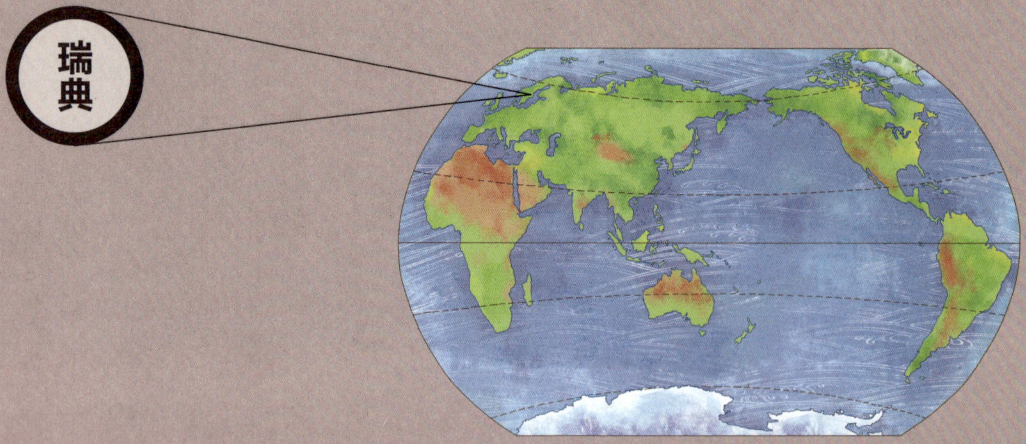

瑞典

“我的照片墙”

斯德哥尔摩王宫

斯德哥尔摩王宫的历史始于中世纪，坐落在斯德哥尔摩老城的北部。王宫正门有两只铜狮子分立两旁，四壁有许多精美的浮雕，中间是一个很大的场院。每天中午，王宫卫队都会按照古老传统举行隆重的换岗仪式。

斯德哥尔摩老城

斯德哥尔摩老城是瑞典斯德哥尔摩的一个古老城镇。老城的历史可追溯至 13 世纪。城内有中世纪小巷、圆石街道和古式建筑，深受北日耳曼式风格影响。城内有斯德哥尔摩大教堂、诺贝尔博物馆、骑士教堂和斯德哥尔摩王宫。

蜡烛

北极圈横跨瑞典北部，冬季长达半年的瑞典在没有电灯的年代是离不开蜡烛的，就像离不开空气一样。如今，虽然电灯等照明设备已全面普及，但瑞典仍是个蜡烛消费大国。有统计显示，仅有一千万人口的瑞典，却是世界上蜡烛年销量最高的国家之一。

乌普萨拉教堂

乌普萨拉教堂位于瑞典乌普萨拉城中心，是瑞典国王举行加冕典礼的圣地。乌普萨拉教堂建于 13 世纪，是一座红色的雄伟建筑物，两座尖塔高耸入云。教堂内部金碧辉煌，以文物丰富而闻名于世。

玻璃制品

瑞典的玻璃制品享誉全球。瑞典玻璃器皿有着庄重、高贵的风格，除此之外，还有另一类型——活泼而又艳丽，这一类型善于运用灿烂的色彩和雅致的装饰，奇异多彩。

诺贝尔奖评选活动

瑞典著名化学家诺贝尔将他的大部分财产交给了信托，用来奖励那些在物理学、化学、生物学或医学、文学与和平事业中对人类做出突出贡献的人。每年的 12 月 10 日，是诺贝尔奖的颁奖日。除了和平奖在挪威首都奥斯陆颁发外，其余奖项都在瑞典首都斯德哥尔摩颁发。

“我的问题墙”

瑞典为什么要做永久中立国?

17 世纪时，瑞典国力强盛，借助战争扩张领土，成为强权国家。1814 年，芬兰从瑞典脱离出去后，瑞典被迫实行战略收缩，其中立态度开始萌芽并最终踏上了寻求中立的道路。此后，斯堪的纳维亚半岛几经动荡，欧洲大陆更是血雨腥风，但瑞典多次拒绝了其他国家的结盟诱惑，始终不改中立的初衷，也因此免遭战火。

瑞典人为什么爱把火柴当礼物?

瑞典世界名牌不少，但让瑞典人最自豪的却是小小的火柴。他们认为，最初是火柴把瑞典工业推向了世界舞台，所以瑞典人不仅为火柴建立了专门的博物馆，很多商店还有火柴专柜。到瑞典旅行的人都不忘带几包火柴当作旅游特色产品，瑞典人也很喜欢把火柴当作礼物送给外国朋友。

瑞典人在饮食上的独特习惯是什么?

瑞典人在饮食上有一种独特的习惯，那就是每天按星期吃固定的菜品。如以牛肉和鲱鱼为主要材料的“西鲁布拉”就是星期一的菜品。他们还有一种代表性的吃法，即在一张大桌上摆上几十种菜，按自己的喜好分取。菜的烹调方式比较简单，称之为“海盗席”。

瑞典为什么要求白天开灯行车?

因为瑞典有 15%的地界在北极圈内，白天能见度不高。科学研究表明，人的眼睛对晃动的灯光特别敏感。车辆白天开灯行驶，可以使处在远距离或拐弯、上下坡处的行人更容易看到，特别是雨天、雪天效果更明显。自从实行这项措施后，瑞典的交通事故发生率明显下降。

Netherlands

出发，荷兰

荷兰

我的名片

中文名称：荷兰王国

首都：阿姆斯特丹

国土面积：4.1528 万平方千米

著名景点：阿姆斯特丹运河、桑斯安斯风车村等

主要人口组成：荷兰族、弗里斯族等

人口：1 720 万（2017 年）

官方语言：荷兰语

国旗：

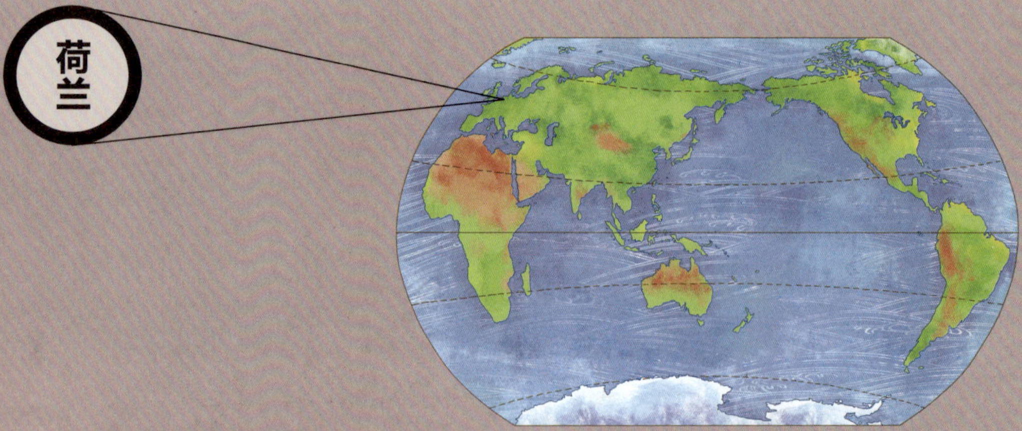

荷兰

“我的照片墙”

荷兰王宫

荷兰王宫位于阿姆斯特丹市中心的水坝广场上，共有13 568根被打入地下的树桩支撑着这座建筑，堪称17世纪建筑史上的一个奇迹。王宫内部装饰大多是关于阿姆斯特丹和荷兰王国的历史和文化。

和平宫

和平宫是位于海牙市的一座棕红色的宫殿式建筑，两层，带有两座尖耸的高塔。这里是海牙国际法庭所在地，被称为国际法中心。海牙国际法庭是联合国的主要司法主体，是一个永久国际仲裁法庭，同时还是国际法海牙研究院以及和平宫图书馆的所在地。

琵鹭

琵鹭是荷兰的国鸟，因嘴非常像琵琶而得名。琵鹭是一种候鸟，体长60～95厘米。羽毛呈白色，有时带玫瑰红色调。琵鹭分布在欧洲南部到亚洲地区，少数分布在非洲，但在欧洲的繁殖地仅限于荷兰和西班牙。

桑斯安斯风车村

桑斯安斯风车村位于阿姆斯特丹北15千米处，是一座秀美的古老村庄。村庄内共有5座以传统方式运作的风车，分别用于锯木、榨油料、磨染料、磨芥末粉和提水。村庄里还有木鞋工厂、奶酪作坊、船坞等，每天这里都有传统的手工技艺表演，全面展现了荷兰人的传统生活方式。

羊角村

羊角村位于荷兰北部，是一个缩小了的“威尼斯”。羊角村遍布着大大小小的运河，而道路又建设得较为狭窄，使得运河成为羊角村的交通要道，船只成为日常交通工具。

荷兰国菜

荷兰人把胡萝卜、土豆和洋葱混合烹调而成的菜叫“国菜”，每年10月3日，家家户户都要吃这种“国菜”。据说，1574年西班牙侵略荷兰，将莱顿团团包围。城内军民坚守城池，直到弹尽粮绝。援军到来后，西班牙退兵，城内人冲出城去寻找食物，只找到了胡萝卜、土豆和洋葱，就把它们一起煮熟后分食充饥。此后，这一传统延续至今。

“我的问题墙”

荷兰人为什么要穿木鞋？

木鞋同风车一样，是荷兰人在同大自然的搏斗中适应地理环境的产物。由于荷兰是“低洼之国”，又受全年湿润的温带海洋性气候影响，全国有四分之一的土地低于海平面，土地和空气都十分潮湿。为适应荷兰冬天寒冷潮湿的地理环境和气候，荷兰人发明了木鞋。

荷兰为什么被称为“郁金香之国”？

在荷兰的城市街头、广场、居民住地和野外，到处都可以见到郁金香。如今，郁金香不仅成了荷兰的象征，而且是荷兰经济的“黄金”之花。荷兰的郁金香种植面积很大，产量占全世界的65%。所以说，荷兰是名副其实的“郁金香之国”。

荷兰人怎样生吃鲱鱼？

荷兰人吃鲱鱼的方式相当特殊，直接搭配碎洋葱或者涂点蛋黄沙拉酱生吃。在荷兰的鱼摊前，常常可以看到当地人站着生吃鲱鱼的景象。摊主用小刀去掉鱼头和内脏，当地人用拇指和食指捏住鱼尾巴，把鱼倒提起来，蘸点儿洋葱粒，然后张大嘴巴，“啊呜”一口，就把那条生鱼吞进嘴里大嚼起来，动作一气呵成，很是享受。

荷兰为什么被称为“风车之国”？

1229年，荷兰人发明了第一座为人类提供动力的风车，从此他们便借助风车磨粉和排水。200多年前，荷兰的风车星罗棋布，共有上万个。于是，风车成了荷兰的标志，荷兰也因此得名“风车之国”。

Spain
出发，西班牙

西班牙

我的名片

中文名称：西班牙王国

首都：马德里

国土面积：50.6 万平方千米

著名景点：太阳海岸、马德里皇宫等

主要人口组成：卡斯蒂利亚人、加泰罗尼亚人、加里西亚人、巴斯克人

人口：4 654 万

官方语言：西班牙语

国旗：

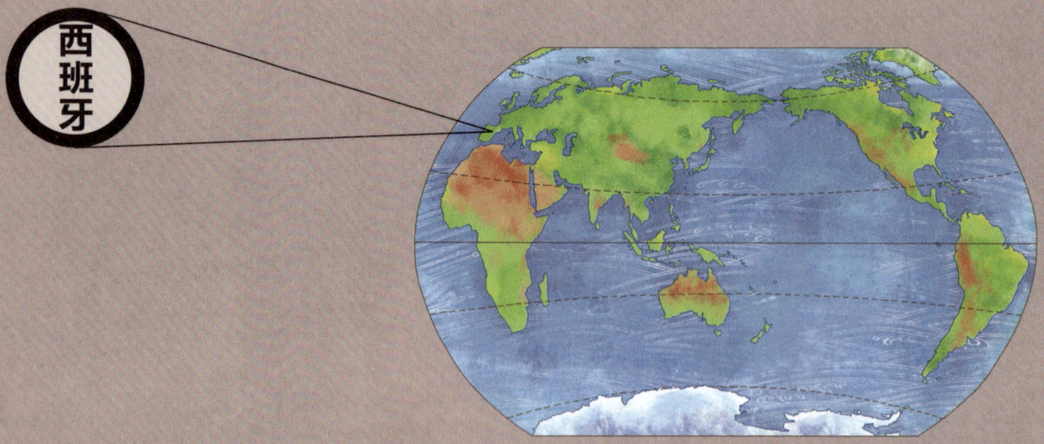

西班牙

"我的照片墙"

皇家马德里足球俱乐部

皇家马德里足球俱乐部是西班牙成立最早的俱乐部之一。成立后，俱乐部便开始参加全国联赛。1905 年首次夺冠，后来逐渐成为西班牙足坛的一支劲旅。20 世纪 50 年代初期，该队达到史无前例的黄金时期，人们称之为“皇家马德里时代”。

斗牛舞

斗牛舞源于法国，盛行于西班牙，根据西班牙斗牛场面创作而成。跳“斗牛舞”的时候，男女双方扮演不同的角色，男舞者象征一名身手矫健的斗牛士，女舞者象征斗牛士用以激怒公牛的红色斗篷。男舞者的角色非常重要，因此斗牛舞也被称为“男人的舞蹈”。

科卡

科卡是在肩膀上表演的舞蹈，它源自西班牙中世纪的一个传说：两个当地的女子依靠这种舞蹈摆脱了恶龙的纠缠，得以生还。在表演时，小姑娘会穿上美丽的传统服饰，再骑到妈妈的肩膀上，母女协作共舞。

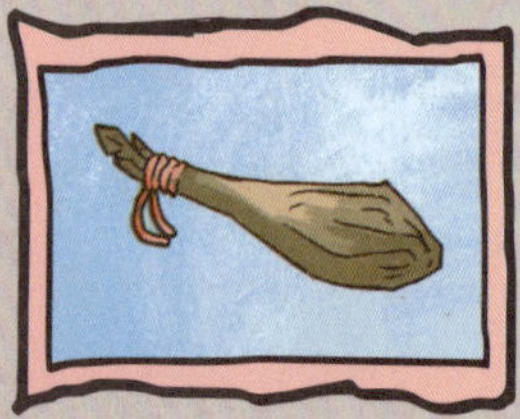

伊比利亚火腿

伊比利亚火腿是一种西班牙传统的生火腿，有法定产区。在西班牙的美食中，它占据着重要地位。伊比利亚火腿的肉源来自伊比利亚种的黑猪，该猪种全身黑色或是蹄子为黑色，其主要食物是橡子。

马德里皇宫

马德里皇宫位于马德里市中心西部，它仅次于凡尔赛宫和维也纳美泉宫，是欧洲第三大皇宫。皇宫外观呈正方形结构，宏伟豪华，宫内藏有无数的金银器皿和绘画、瓷器、壁毯及其他皇室用品。现在，该皇宫已被辟为博物院，供游人参观。

太阳海岸

太阳海岸位于西班牙南部的地中海沿岸，是世界最著名的海滨沙滩之一。太阳海岸全长 200 多千米，沿岸有近百个中小城镇。这里气候温和，夏天最高温度在 32℃ ~ 40℃，冬季最低温度在 14℃ ~ 16℃，阳光充足，全年日照 300 多天，故称“太阳海岸”。

“我的问题墙”

叠人塔是怎么回事？

叠人塔是西班牙传统节日活动之一。由身着白裤、黑布缠腰的“塔人”一层层以叠罗汉的方式搭成高“塔”。一般来说，除基层外，每层的叠塔人数为 1 ～ 5 人，而最常见的人塔层数为 6 ～ 10 层。搭建人员通过团结合作和永不放弃的精神，堆叠出一座昂然壮观的人塔，显示出一种超越年龄和性别的勇气与凝聚力。

西班牙为什么会成为“旅游王国”？

西班牙地处欧洲南部，位于地中海西岸，气候宜人，风光旖旎，尤其是在南方的“太阳海岸”一带，游人如织。另外，西班牙历史悠久，有丰富的文化资源，加上政府非常重视旅游业，建立了齐全的旅游设施，为游客提供各种优质的服务。所以，西班牙旅游业非常发达，成了著名的“旅游王国”。

西班牙斗牛的由来是怎样的？

西班牙斗牛是由古代的宗教活动演变而来的。每当国王加冕、结婚，皇子出生或凯旋等庆祝活动，王公贵族便会驾马刺牛助兴。18 世纪，有个勇士只身与牛搏斗，将牛刺死，从而把斗牛的技艺要求提高到一个新的阶段。斗牛场遍及西班牙城乡，每年 3 ～ 10 月中旬为斗牛季。

西班牙的直布罗陀为什么被英国占领了？

直布罗陀是军事重镇，直布罗陀海峡则是沟通地中海和大西洋的唯一通道，被誉为西方的“生命线”。1704 年，英国占领了直布罗陀，并在此建立军事要塞。1713 年，西班牙同英国签署和约，将直布罗陀割让给英国。第二次世界大战结束后，西班牙曾要求英国归还直布罗陀。直到现在，英国和西班牙还在为此争执不下。

France

出发，法国

法国

我的名片

中文名称：法兰西共和国

首都：巴黎

国土面积：55 万平方千米（不含海外领地）

著名景点：香榭丽舍大街、卢浮宫、巴黎圣母院等

主要人口组成：法兰西人、科西嘉人、布列塔尼人

人口：6 686 万（2017 年）

官方语言：法语

国旗：

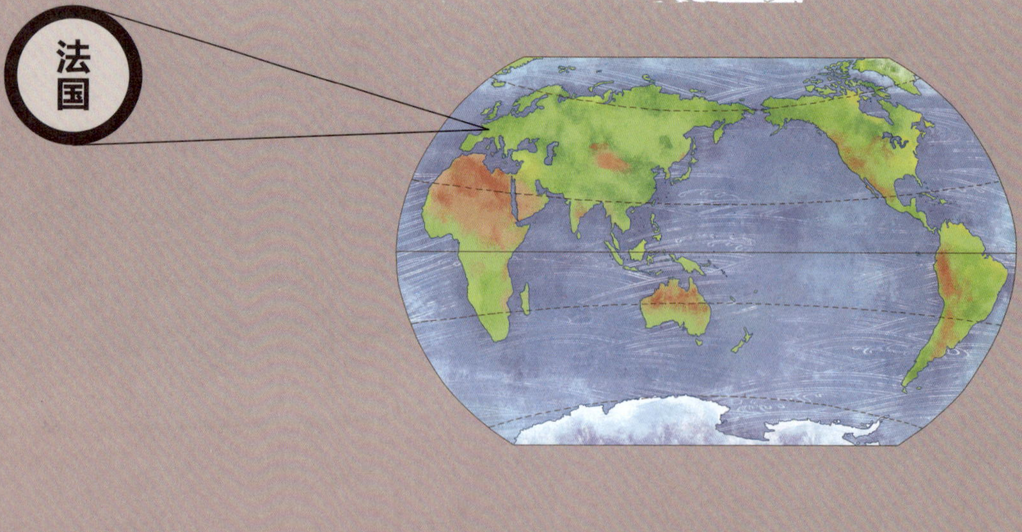

法国

“我的照片墙”

凯旋门

凯旋门位于戴高乐广场中央的环岛上面，建成于 1836 年。凯旋门两面门墩的墙面上，有 4 组以战争为题材的大型浮雕："出征""胜利""和平"和"抵抗"。巴黎市区 12 条大街都以凯旋门为中心，向四周辐射，气势磅礴。

埃菲尔铁塔

埃菲尔铁塔耸立在巴黎市区塞纳河畔的战神广场上，于 1887 年动工，1889 年开放，已经有 100 多年的历史。它除了四只脚是用钢筋水泥制成之外，塔身都用钢铁构成。铁塔采用交错式结构，内设四部水力升降机（现为电梯）。

巴黎圣母院

巴黎圣母院坐落于巴黎市中心的西堤岛上，始建于 1163 年，1345 年建成，历时 180 多年。它是一座典型的哥特式教堂，是欧洲建筑史上一个划时代的标志。法国著名作家维克多·雨果曾在他的小说《巴黎圣母院》中对圣母院作过充满诗意的描绘。2019 年 4 月 15 日，圣母院起火造成塔尖倒塌。

卢浮宫

卢浮宫位于巴黎市中心塞纳河北岸，位居世界四大博物馆之首。卢浮宫原是法国的王宫，法国大革命后，被改为国立美术博物馆并向公众开放。维纳斯雕像、胜利女神石雕和蒙娜丽莎画像为其镇馆三宝。

凡尔赛宫

凡尔赛宫位于巴黎西南郊凡尔赛镇，是欧洲最宏伟华丽的皇宫，也是世界五大宫殿之一。宫内装饰有雕刻、巨幅油画及挂毯，配有 17、18 世纪制作的工艺精湛的家具，还陈放着来自世界各地的珍贵艺术品。

高卢鸡

高卢鸡是法国最古老的原产动物之一，它代表着法兰西民族的战斗精神，是法兰西民族先祖的图腾、法国的象征。法国国家足球队在进行比赛之前往往会把公鸡赶到赛场上，以此来激励队员们的斗志。

肥鹅肝

肥鹅肝是法国的一道传统名菜，在法国名菜家族中占有举足轻重的地位。吃法通常是用小火微煎后，佐以波特酒或深色的酱。另一种吃法需要加入白兰地、波特酒和松露，在煮熟后冷却，再切片成冷盘，也可淋上调味酱享用。

“我的问题墙”

法国人为什么不装空调？

法国人不装空调，是因为法国的地理位置优越，冬天不冷，夏天也不太热，夏季最高气温一般也不超过30℃，所以法国人根本不需要空调。还有一个原因，就是法国人特别重视环保，空调在降低室内温度的同时，也会向室外排放热量，很不环保。

法国人为什么每天都要吃奶酪？

奶酪是法国美食的象征，也是法国人日常餐桌的必备之选。在法国人的生活中，奶酪是无处不在的，零食有奶酪，餐前酒配奶酪块，前菜有奶酪拼盘……法国有一句古老的谚语：“没有奶酪的一餐，就好像失去了朱丽叶的罗密欧般悲惨。”

法国的葡萄酒为什么闻名世界？

首先，法国拥有悠久而独特的葡萄酒酿造历史。其次，法国葡萄酒有着得天独厚的自然条件。法国很多地方如波尔多的气候和土壤环境，可以培育出世界上几乎所有知名的葡萄品种。因此，顶级的酿造工艺加上世界上独一无二的优质材料，最终使法国成为世界上最好的葡萄和葡萄酒生产地。

为什么法国的香水特别有名？

提起法国香水，人们自然会想到巴黎。其实，法国的香水摇篮是位于法国南部的格拉斯，不仅制造起源于此，而且这里至今仍是巴黎各大香水厂的原料供应地。因为格拉斯位于距地中海 20 千米的山麓上，那里气候宜人，阳光充足，是花草的优生地带，所以那里产出的香水种类丰富，品质上乘，为法国赢得了“香水之国”的美誉。

Bulgaria
出发，保加利亚

保加利亚

我的名片

中文名称：保加利亚共和国

首都：索非亚

国土面积：11.10019 万平方千米

著名景点：里拉修道院、马达腊骑士崖雕等

主要人口组成：保加利亚族、土耳其族等

人口：707 万（2017 年）

官方语言：保加利亚语

国旗：

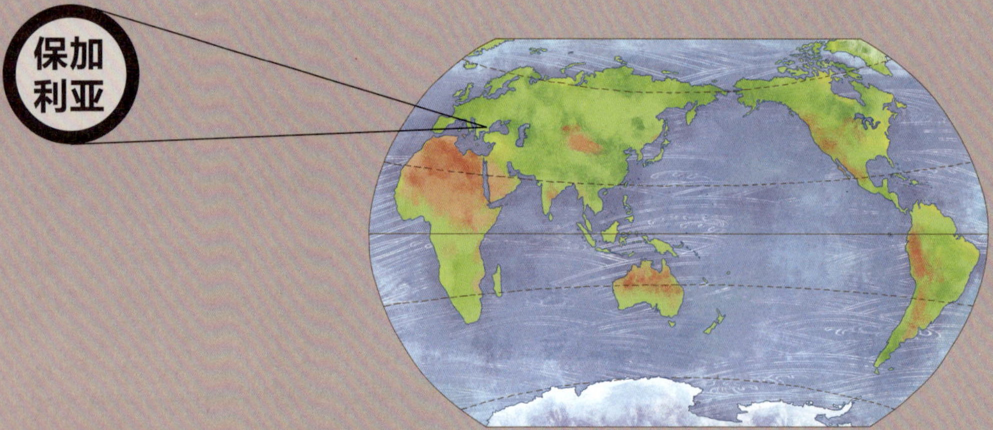

保加利亚

“我的照片墙”

亚历山大大教堂

亚历山大大教堂位于索非亚市中心同名广场上，为 1877 ～ 1878 年俄土战争中俄军“解放”保加利亚而建，是巴尔干半岛最大的东正教教堂。教堂的建筑材料是意大利大理石，有翠绿、黑、蓝、紫等颜色，晶莹光洁。教堂还有镀金大圆顶，从索非亚市各处都可以望到。

里拉修道院

里拉修道院位于保加利亚首都索非亚以南约 60 千米处，处在一条溪流之上，布局严谨，占地 0.088 平方千米，是保加利亚最大的修道院。如今的里拉修道院是建筑、艺术、宗教、教育的中心。1983 年，里拉修道院被列为世界文化遗产。

冰峰纪念碑

冰峰纪念碑是为了纪念 1878 年俄土战争中，俄罗斯和保加利亚勇士在这个山头上联手打败了土耳其人，保加利亚共产党为宣扬、巩固与苏联的友好关系而建立，这里曾经是国家级会谈和千人以上聚会的官方场所。如今，其内部已经破败不堪，成为“危楼”。

酸奶

保加利亚是酸奶的故乡。保加利亚酸奶呈凝固状，洁白而柔滑细腻，将酸奶盒倒置也不会倾泻出来。酸奶刚入口感觉很酸，但仔细品尝，感觉香浓可口。保加利亚人一天能喝三四罐 400 克装的酸奶，人均每月消费的酸奶达 28 千克，是全世界酸奶消费最多的国家。

恐怖新娘妆

在保加利亚西南部罗多彼山脉有一个里波诺夫村，这里以在冬季举行独特的传统婚礼闻名。依照习俗，除新郎家的女性外，新娘的面容不能被其他人看见，所以新娘的面部会用厚实的白颜料和彩色金属片遮盖，仿佛“僵尸”新娘一般。

葡萄剪枝节

每年的 2 月 14 日，为了纪念葡萄酒的酿造者和传说中葡萄园的庇护神特里方 · 拉扎雷，在保加利亚各地，青年们都会身穿民族服装，头戴葡萄枝编织的花环，跳起舞蹈，剪下多余的葡萄枝，畅饮香浓的葡萄酒，祈望获得好收成。

“我的问题墙”

保加利亚的“新娘市场”是怎样的？

在保加利亚旧扎戈拉的露天市场里，每年都会有年轻的吉卜赛人来到这里相亲，因此这里也被称为“新娘市场”。“新娘市场”环境简朴，女孩子们化着妆，穿着高跟鞋，希望能给自己找个如意郎君。现今，此活动更多的是对传统习俗的一种尊重和沿袭。

保加利亚人为什么棒打亲朋送祝福？

在春天，保加利亚人喜欢用红、白两色羊毛线和树枝做成的“迎春棒”棒打亲朋送祝福。新春来临之际，孩子们举着“迎春棒”到各家串门，用它轻轻敲击人们的后背，嘴里还唱着代代相传的喜歌。“挨打”的人则给孩子们小面包和零钱以示感谢。

保加利亚人点头表示肯定吗？

世界上大多数国家摇头都表示否定，点头都表示肯定。可是在保加利亚，就完全不一样了，那里的人说“是”的时候头是晃来晃去的，很像摇头；说“不是”的时候才会点头。如果不清楚他们的这一习惯，就会闹笑话了。

保加利亚为什么被称为“玫瑰之国”？

保加利亚盛产玫瑰，其玫瑰油产量居世界第一，同时，其国花也是玫瑰。保加利亚的卡赞勒克山谷是闻名于世的“玫瑰谷”，经过 300 多年培植，那里盛产 7 000 多种玫瑰，成为吸引各国游客的旅游胜地。因此，人们称保加利亚为“玫瑰之国”。

Germany

出发，德国

德国

我的名片

中文名称：德意志联邦共和国

首都：柏林

国土面积：35.7376 万平方千米

著名景点：科隆大教堂、勃兰登堡门、柏林墙遗址等

主要人口组成：德意志人、丹麦人、索布族

人口：8 217 万

官方语言：德语

国旗：

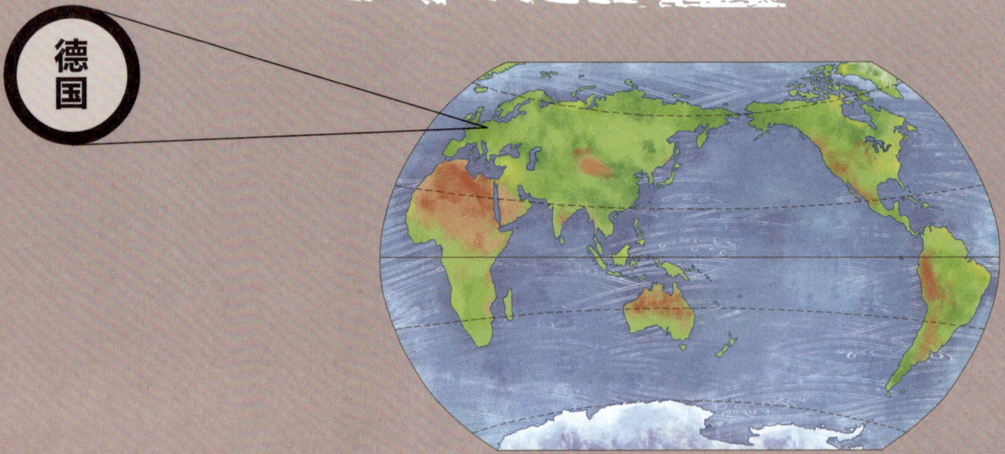

德国

“我的照片墙”

国会大厦

国会大厦位于德国首都柏林中心区，是柏林重要的标志性景点。大厦始建于1884年，1894年完工。国会大厦为矩形对称形平面，中轴线两侧各有一内院，中心是议会大厅，大厅上面是玻璃穹顶，穹顶外的天台可以360度眺望柏林市景。

科隆大教堂

科隆大教堂位于德国科隆市中心的莱茵河畔，是世界上最宏伟的哥特式教堂。厅高42米，顶柱高109米，中央是两座与门墙连砌在一起的双尖塔，这两座尖塔像两把锋利的宝剑，直插苍穹。

科隆狂欢节

科隆狂欢节是德国最盛大的狂欢节，每年11月11日11时11分准时在科隆市的老广场上开幕，一直持续到第二年的2月才结束。科隆狂欢节的主角是小丑和狂人，游行是节日的重头戏。人们在道路两边观看游行队伍，还会得到队伍中撒出的糖果。

车王迈克尔 · 舒马赫

迈克尔 · 舒马赫于1969年1月3日出生于德国许尔特，是德国一级方程式赛车车手，被称为“F1之王”。在他前16年的职业生涯中，几乎刷新了每一项纪录，并赢得7次总冠军。

慕尼黑啤酒节

慕尼黑啤酒节又称十月节，起源于1810年10月12日，与英国伦敦啤酒节、美国丹佛啤酒节并称为世界最具盛名的三大啤酒节。慕尼黑啤酒节每年9月末到10月初在德国的慕尼黑举行，到10月的第一个星期天为止，持续两周，每年大约有600万人参与其中，是慕尼黑一年中最盛大的活动。

德国香肠

德国的食品以香肠最为知名。德国香肠使用了本土的香辛料和精湛的工艺技术，香肠品种达1 500多种，其中仅蒸煮小香肠就有780种左右。最受欢迎的莫过于味道浓厚的瘦肉香肠、润口的肉肠、耐储存的腊肠。以城市名命名的法兰克福香肠更是享誉世界。

“我的问题墙”

德国的高速公路为什么不限速？

德国的高速公路是全世界唯一不限速的国家。因为德国高速公路非常平缓，路上的显示牌能及时显示前方道路信息，减少事故发生。而且德国人的安全意识很强，驾驶技术娴熟，德国车的性能和质量也非常好，降低了事故发生的概率。

德国的人造火山是怎么回事？

在德国东部，有一座有 200 年历史的人造火山，是 18 世纪一位王子建造的。这位王子在访问过意大利维苏威活火山后，便创造性地在德绍 -沃利茨园林建造了这座“欧洲最大、唯一”的人造火山。

为什么莱茵河被称为“黄金水道”？

莱茵河是西欧的第一大河，发源于瑞士境内的阿尔卑斯山北麓，在荷兰的鹿特丹附近注入北海，全长 1 320 千米，流域面积 22.4 万平方千米。莱茵河水量充沛而稳定，两岸的许多支流和运河构成四通八达的水运网。莱茵河流经众多工业区，每天船只来来往往，是世界上最繁忙的航道之一，其货运量居世界内河运输前列。

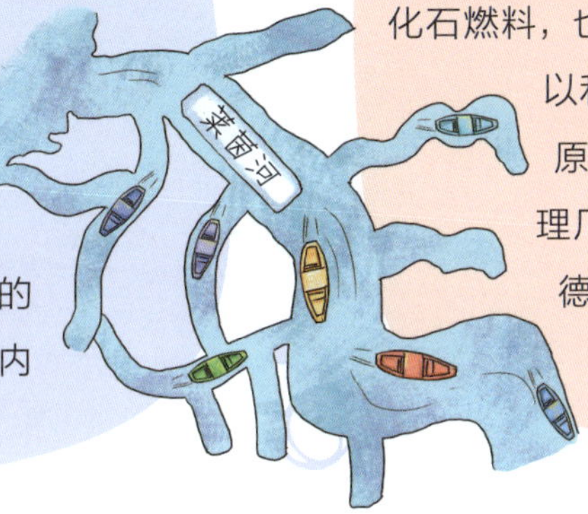

德国为什么要进口垃圾？

德国进口垃圾可以赚取垃圾处理费用，垃圾处理厂可以焚烧垃圾来发电，燃烧过后的固体废物可用于制作建筑材料。因为垃圾处理厂燃烧的不是化石燃料，也不用交二氧化碳税，所以利润可观。还有一个重要原因，那就是德国的垃圾处理厂可以处理的垃圾量远超德国垃圾的生成量，所以德国不得不进口垃圾来“喂饱”这些垃圾处理厂。

Switzerland
出发，瑞士

瑞士

我的名片

中文名称：瑞士联邦

首都：伯尔尼

国土面积：4.1284 万平方千米

著名景点：冰川公园、卢塞恩湖、伯尔尼旧城等

主要人口组成：日耳曼族占 75%

人口：843.17 万（2017 年）

官方语言：德语、法语、意大利语及拉丁罗曼语

国旗：

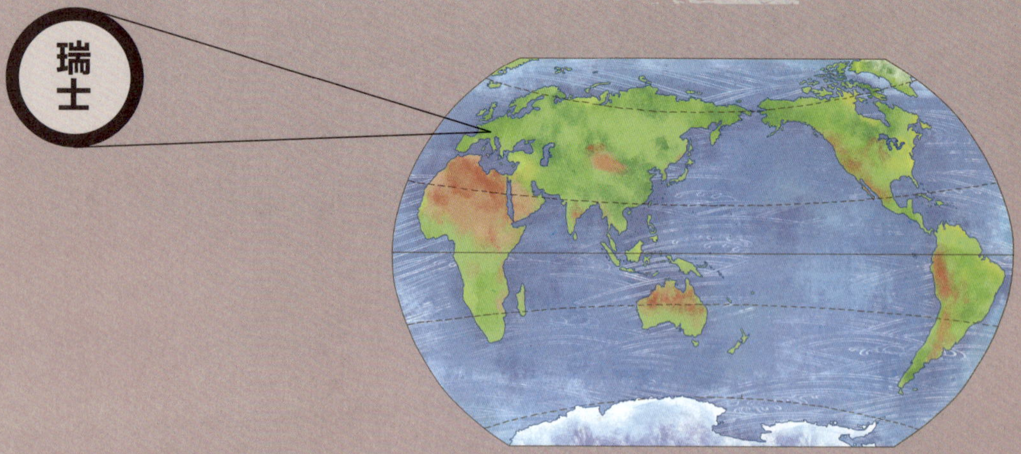

瑞士

“我的照片墙”

瑞士军刀

瑞士军刀是一种工具刀，因瑞士军方为士兵配备而得名。瑞士军刀设计完美、加工精巧，方便又轻巧，早已名扬全球。瑞士军刀里面有圆珠笔、牙签、剪刀、平口刀、开罐器、螺丝刀、起子、镊子等工具，有数十种功能。

拱廊

伯尔尼有着闻名世界的拱廊，其结构非常独特。沿街的楼房底层门前是便道，便道的顶部向外延伸，便形成了走廊。走廊临街的一面有拱柱支撑，两柱之间好似宽大的拱门，廊道相连，拱门相接，蜿蜒漫长。

瑞士钟表

瑞士已经有500多年的钟表生产历史，产品以腕表为主，另有座钟和摆钟等。瑞士每年生产的手表中有95%以上用于出口，占世界总产量的40%。著名手表的品牌有百达翡丽、江诗丹顿、爱彼、宝玑、积家等。

少女峰

少女峰位于瑞士因特拉肯市东南18千米处，是瑞士的著名山峰，海拔4 158米，横亘18千米。作为瑞士旅游业的经典景点之一，少女峰一直以冰雪与山峰、阳光与浮云吸引着八方游客。

伯尔尼钟楼

伯尔尼钟楼是伯尔尼城最古老的建筑物。钟塔正点敲钟时，约三层楼高的钟顶上就会有一个“金色骑士”摇摇晃晃地走出来，用锤子敲打头上的钟，报出时间。同时，钟面下方又有“时间老人”，一只公鸡拍着翅膀打鸣，一对小熊，整个表演极为奇妙有趣。

正义泉

正义泉是伯尔尼最精彩的街心泉。柱顶上的塑像是蒙着双眼的正义女神，她一手执剑，一手端着天平。她脚下蜷伏着教皇、国王、高官显贵等人物的形象，寓意即使是帝王将相，最终也逃脱不了正义的裁决。

“我的问题墙”

瑞士为什么那么富有？

首先，自1815年至今，瑞士从未有过战乱，积蓄了大量财力。其次，瑞士地理位置优越，北邻德国，西邻法国，南邻意大利，东邻奥地利和列支敦士登。第三，很多国际组织来瑞士建立总部，刺激了瑞士经济发展。此外，瑞士手表非常有名，其机械制造业、食品加工业也都举世闻名。因此，瑞士成了世界上非常富有的国家。

瑞士如何成为永久中立国？

瑞士是世界上首个永久中立国家，也有资料显示瑞士是《国际法》中唯一明确认可的永久中立国。16世纪初，瑞士在瑞法战争中大败后认识到或卷入邻国事务毁掉联邦，或保持独立，两者必居其一。17世纪中期，瑞士正式宣布：热爱和平的瑞士人今后再不介入欧洲国家间任何政治、军事冲突，保持永久中立地位。

拉沃梯田为什么成为葡萄生长的理想之地？

拉沃梯田位于阿尔卑斯山南坡上，面朝日内瓦湖，湖面和梯田上的石墙都能对阳光进行反射，使得葡萄园日照充足。石墙在夜间还会散发出热量，加上日内瓦湖潮湿的水气，都极利于葡萄的生长。得天独厚的环境，使拉沃梯田成了葡萄生长的理想之地。

为什么瑞士是世界上巧克力的第一生产大国？

瑞士虽然没有可可树，也和可可生产地没有任何直接关联，但是瑞士人使巧克力的制作方法达到了非常完美的地步，几乎所有的巧克力制作方法都是在瑞士发明的。由此，瑞士成了世界上巧克力的第一生产大国。

Italy
出发，意大利

意大利

我的名片

中文名称：意大利共和国

首都：罗马

国土面积：30.1333 万平方千米

著名景点：罗马古城、比萨教堂斜塔、庞贝古城等

主要人口组成：意大利人

人口：6 055.14 万（2017 年）

官方语言：意大利语

国旗：

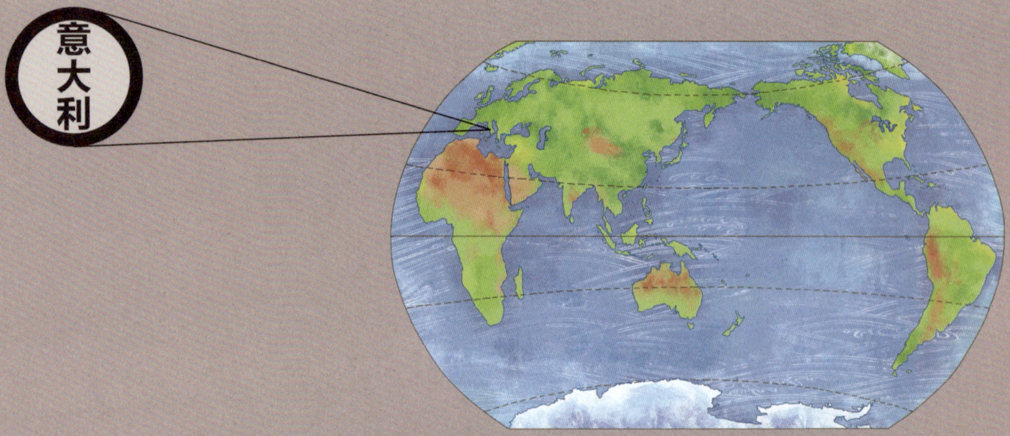

意大利

“我的照片墙”

罗马许愿池

罗马许愿池即特莱维喷泉，是罗马境内最大、也是最有名的喷泉，以波里侯爵府的一面后墙作为背景，中间是海神尼普顿指引两个水神驾驭两只带翼的海马，一只难以驯服，另一只温顺安详，象征着大海的平静与波涛汹涌。两侧的女神分别代表“富足”和“健康”。

贡多拉

贡多拉是威尼斯独有的一种游览船，长约11米，宽约1.75米，以栎木板为材料，用黑漆涂抹。贡多拉两头翘起，有6个座位。因为它造型奇特，船体精美，乘坐舒适，所以被人们誉为“水上奔驰”“水上法拉利”。

古罗马斗兽场

古罗马斗兽场是罗马帝国的象征，位于罗马城中威尼斯广场的东南面，奥勒利安城墙内，是保存最好的一座竞技场。斗兽场占地约2万平方米，围墙周长527米，大直径188米，小直径156米，围墙高57米，相当于一座19层现代楼房的高度，场内可容纳近9万名观众。

米兰大教堂

米兰大教堂坐落于米兰市中心的大教堂广场，是世界上最大的哥特式教堂，也是米兰的象征。米兰大教堂全由白色大理石筑成，长158米，最宽处93米，塔尖最高处达108.5米。总面积11 700平方米，可容纳3 5000人。

意大利比萨

比萨发源于意大利，是驰名世界的一款美食。意大利比萨又称自制什锦比萨、维纳比萨，通常是在发酵的圆面饼上面覆盖番茄酱、奶酪和其他配料，并由烤炉烤制而成。据统计，意大利总共有2万多家比萨店。

达 · 芬奇

达 · 芬奇是欧洲文艺复兴时期意大利的天才科学家、发明家、画家，他还擅长雕刻、音乐、建筑，通晓数学、物理、天文等学科，是当时绝无仅有的全才。他的杰作《蒙娜丽莎》《最后的晚餐》等作品体现了他精湛的艺术造诣。

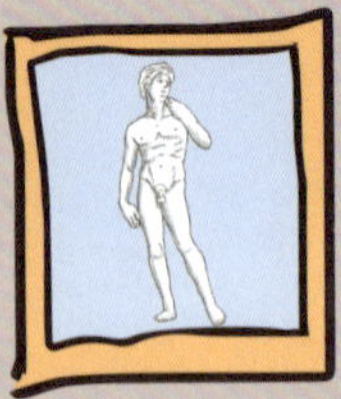

大卫雕像

大卫雕像是意大利文艺复兴时期伟大的雕塑家米开朗琪罗的代表作。像高3.96米，连基座高5.5米，于1501年至1504年用整块大理石雕成，表现了大卫王决战巨人歌利亚时的神态。现收藏于佛罗伦萨美术学院。

“我的问题墙”

为什么比萨斜塔会倾斜？

比萨斜塔之所以会倾斜，是由于它的地基下有各种软质粉土的沉淀物和非常软的黏土，而且在深约 1 米的地方就是地下水层，因此比萨斜塔从修建时就已经开始倾斜。据测定，现在比萨斜塔的塔顶中心已经偏移达 5 米多。

威尼斯为什么被称为水城？

威尼斯位于意大利东北部，四周环海。威尼斯的城中有 117 条水道，118 个岛屿，数以百计的桥梁。威尼斯的水道是城市的马路，船是市内主要的交通工具。威尼斯有着“因水而生，因水而美，因水而兴”的美誉，所以享有“水城”“水上都市”等美称。

维苏威火山为什么被称为“欧洲最危险的火山”？

维苏威火山是一座活火山，在过去的五百年里，它曾多次爆发，产生的熔岩、火山灰、碎屑流、泥石流和致命气体等夺去的生命不计其数。公元 79 年，维苏威火山喷发，毁灭了当时极为繁华的庞贝古城。因此，它被称为“欧洲最危险的火山”。

意大利通心粉的由来是怎样的？

传说在 18 世纪，马卡 · 罗尼在那不勒斯城附近经营着一家饭店，主营面条和面片。一天，他的小女儿在玩耍时把面片卷成空心条并晾在衣绳上。后来，罗尼将空心面条煮熟后拌上番茄酱，结果大受顾客欢迎。于是，罗尼兴建了世界上第一家通心粉加工厂，并以自己的名字为通心粉命名。

出版策划：张焱宏
美术编辑：周邦雄
装帧设计：木　木
　　　　　桃　子
特邀审校：段桂华
　　　　　杨　凡

目录

Contents

Egypt

出发，埃及

埃及

我的名片

中文名称：阿拉伯埃及共和国

首都：开罗

国土面积：100.1 万平方千米

著名景点：帝王谷、拉美西斯二世神庙等

主要人口组成：阿拉伯人、柏柏尔人

人口：97 55.315 万（2017 年）

官方语言：阿拉伯语

国旗：

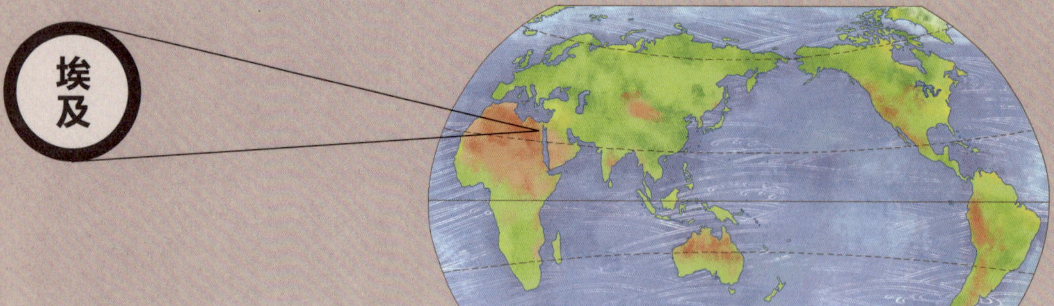

埃及

“我的照片墙”

帝王谷

帝王谷坐落在开罗以南700千米，尼罗河西岸，是古埃及时期埋葬法老和贵族的山谷。帝王谷分为东谷和西谷，一共有60多座帝王陵墓，埋葬着埃及第十七王朝到第二十王朝期间的64位法老。

拉美西斯二世神庙

拉美西斯二世神庙位于阿斯旺城西南240千米处，是古埃及新王国第十九王朝的拉美西斯二世，在公元前1300～前1233年建造的。神庙全都雕凿在尼罗河西岸的悬崖峭壁上，高约33米，宽约38米，纵深约65米。神庙的正面有4尊高达20米的拉美西斯二世的巨型坐像，神态庄重威严。

木乃伊

在古代埃及，人们认为只要把尸体保存好，经过一段时间以后，逝去的人就可以死而复生。他们清洗死者的身体，将内脏取出来，将尸体浸入防腐液，然后缠裹麻布，外面涂上树胶，最后制成干尸，这就是通常所说的木乃伊。

狮身人面像

狮身人面像坐落在开罗西南的吉萨大金字塔近旁，雕像面部是古埃及第四王朝法老哈夫拉的脸型，形象与希腊神话中的人面怪物斯芬克斯相似，因此也称“斯芬克斯”。像高21米，长57米。据说除了前伸的15米狮爪是用大石块镶砌外，整座像是在一块含有贝壳之类杂质的巨石上雕成的。

黄金面具

黄金面具是公元前14世纪时埃及法老图坦卡蒙死后所戴的面具，高约50厘米，与真人面庞的大小差不多。面具由金箔制成，镶嵌着宝石和彩色玻璃。前额部分装饰着古埃及传说中的鹰神和眼镜蛇神，下巴处垂着胡须，是世界上最精美的艺术珍品之一。

金字塔

金字塔是古埃及法老为自己修建的陵墓，是世界八大建筑奇迹之一。埃及共发现96座金字塔，最大的为胡夫金字塔，建于公元前2690年左右。塔现高136.5米，底座每边长230多米，塔底面积5.29万平方米。塔身由230万块石头砌成，每块石头平均重约2.5吨。

“我的问题墙”

埃及人为什么喜欢“7”？

埃及人认为“7”是个值得尊敬的完整数字。因为“安拉”创造世界用了6天的时间，在第7天休息，所以人们办一些重要的事情总习惯采用“7”数，例如：有很多祷告要说7遍；朝觐者回来后，第7天请客；婴儿出生后，第7天宴请；还有纪念婚后7日，纪念去世后7日等。

埃及人为什么讨厌针？

在埃及，每天下午3～5点，人们既不卖针也不买针，更避讳谈“针”。当地人认为，天上的神每天在这个时候下凡，向人们恩赐生活必需品，但神对贫穷的人很吝啬，而穿针引线则是穷困者的生计，于是，在“神”下凡给予恩赐的时间里，人们忌讳任何与针有关的事情。

埃及的国界线为什么那么直？

在非洲有很多国家的国界线都是笔直的，这是因为在殖民者入侵非洲以前，非洲各国间是没有国界的。殖民者入侵后，便很随意地在地图上用笔划分势力范围，因此就形成了非洲众多笔直的国界线。

埃及为什么被称为“棉花之国”？

埃及棉又称埃及长绒棉，是世界上品质最好的棉花，在世界上久负盛名。埃及夏季光照充足，降水稀少，土壤肥沃，又有尼罗河提供便利的灌溉用水，所以盛产长绒棉，并成为世界上最重要的长绒棉出口国。因此，人们便称埃及为“棉花之国”。

Ghana

出发，加纳

加纳

我的名片

中文名称：加纳共和国

首都：阿克拉

国土面积：23.8537 万平方千米

著名景点：阿布里植物园、海岸角等

主要人口组成：阿肯族、莫西—达戈姆巴族、埃维族和加—阿丹格贝族

人口：2 883.36 万（2017 年）

官方语言：英语

国旗：

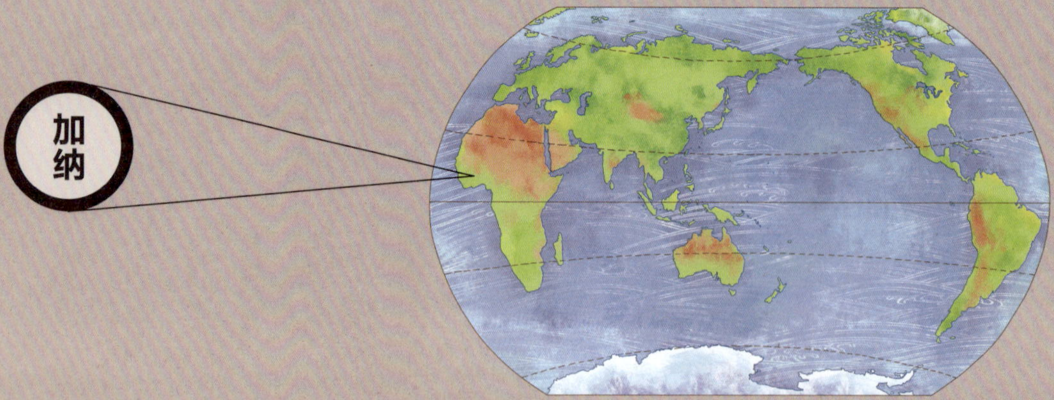

加纳

“我的照片墙”

埃尔米纳奴隶堡

埃尔米纳奴隶堡建在本亚河口一块突兀的巨石上，呈长方形，三面环水，只有一面与陆地相连，且有深沟隔离，地势非常险要。奴隶堡的存在反映了17～19世纪西非奴隶贸易的血泪历史，2 000万黑人从这里被贩运到美国，成为非洲历史上最悲惨的一页。

阿布里植物园

阿布里植物园是加纳最漂亮、最幽静、最吸引人的地方。植物园占地面积64.8公顷，从海拔370～460米的高度可俯瞰阿克拉的沿海平原。植物园内的植物来自世界各地，极具医学和美学价值。

可可之乡

可可原产于拉丁美洲，1897年，一位加纳人从奥科岛带回6粒可可种子，并栽种成功。从此可可在这个国家得到迅速推广，产量暴增。这里很快便发展为世界上最大的可可生产国和出口国，也因此被誉为“可可之乡”。

金矿带

加纳是金矿资源最为丰富的国家之一，素有“黄金海岸”的美称。在最主要的金矿化地层比里姆系和塔克瓦系地层分布区（约占国土面积的45%），孕育着数以百计的金矿床和金矿点，它们构成独立的、分布有序的6个金成矿带，其中阿散蒂金成矿带是金储量最为丰富的一个金成矿带。

海岸角

海岸角是加纳南部城市，是加纳最古老的通商口岸之一。海岸角是加纳重要的教育中心，有海岸角大学和医院。沿海多盐田，渔业繁盛。1976年建立工业区，生产砖瓦、烟草制品、棉织品、可可制品、饮料、化工品等。

猎鹿节

加纳中部省温尼巴镇的伊福图族人，在每年五月第一个星期六都要庆祝传统节日“猎鹿节”。在猎鹿节，人们只能徒手捕猎，然后用猎物祭祀传说中曾帮助过他们的奥图神。这一天，徒手捕到鹿的族人会倍受拥戴。

酋长制

加纳独立后，政府实行共和制，不过在农村仍保留着酋长制。酋长为男性，由任命产生，拥有政治、土地和法律方面的权力，如果表现不称职，会随时被罢免。酋长向政府反映本部族的要求和意见，调解民事纠纷，组织领导本地的公益活动，在部族中享有崇高威望。

“我的问题墙”

加纳的棺材为什么各式各样？

在加纳首都阿克拉向东不到15千米，有一个名叫代希的海边小镇，因制作棺材而闻名遐迩。这里的人们相信人死后灵魂不灭，死者仍能记得生前的愿望，而个性棺材正是对死者生命角色的一种纪念和赞美。设计和雕刻棺材的匠人会根据死者生前的地位、职业和性格喜好等，做出不同样式的棺材，比如鱼、可乐瓶、飞机等样式。

加纳为什么被称为“黄金海岸”？

15世纪，殖民者侵入了加纳，他们发现这片土地下蕴藏着丰富的黄金，于是争相开采、掠夺。到1901年，英国人完全控制了这里，将其正式划入自己的殖民版图，并命名为“黄金海岸”。后来，加纳在1957年获得独立，并恢复了自己古老的名字——加纳。

世界上最圆的湖在哪里？

博苏姆推湖是加纳唯一一个内陆湖，位于库马西地区，人们认为它是多年前由火山喷发或陨石冲击而成的。博苏姆推湖湖面的直径达7 000米，而湖的中心直径只有70多米，周壁逐渐向中心倾斜，就像是人工精心打造出来的一个圆锥形。因此，博苏姆推湖被认为是世界上最圆的湖。

加纳人为什么崇拜凳子？

在加纳，凳子被认为是祖先神灵的寄居地，生者通过凳子可以与祖先交流。在家中，凳子是作为人们心中的祖先来供奉的，定期祭拜。遇上节庆，还会抬出来供人瞻仰，并虔诚祈祷保佑部族家庭兴旺平安。在加纳，人人都有一只自己钟爱的凳子，精心保存，至死不弃。

Cameroon
出发，喀麦隆

喀麦隆

我的名片

中文名称： 喀麦隆共和国

首都： 雅温得

国土面积： 47.5442 万平方千米

著名景点： 林贝黑沙滩、喀麦隆火山等

主要人口组成： 富尔贝族、巴米累克族、赤道班图族（包括芳族和贝蒂族）、俾格米族、西北班图族（包括杜阿拉族）

人口： 2 405 万（2017 年）

官方语言： 法语、英语

国旗： 

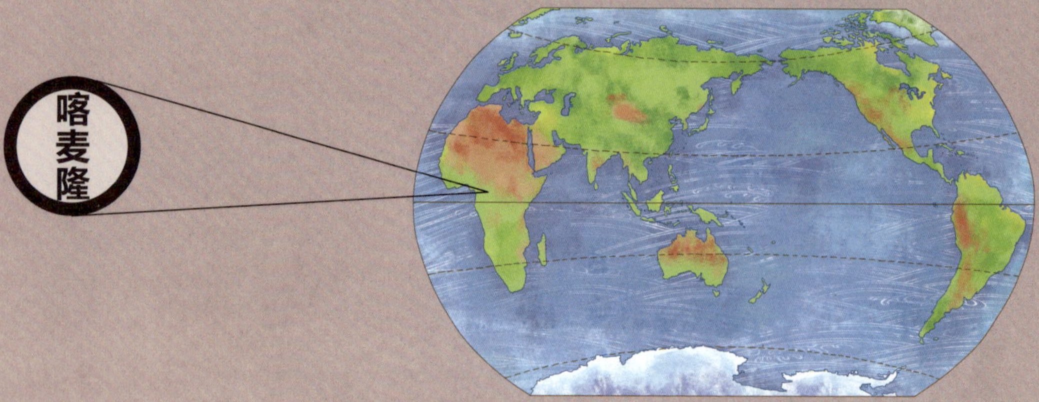

喀麦隆

我的照片墙

独木舟旅行

独木舟是人类最古老的水域交通工具之一。喀麦隆的独木舟是用一根大树干挖成的小舟，需要借助桨驱动。由于它是由一根树干制成的，所以不易漏水或者散架。在喀麦隆，很多游客都喜欢乘坐独木舟沿河游览。

俾格米人

俾格米人是喀麦隆最古老的居民，居住在喀麦隆西部海滨城市克里比的原始森林里。成年人平均身高 1.3 ~ 1.4 米。他们身材矮小，善于围猎，依靠狩猎采集为生，处于比较原始的状态。俾格米人目前已经濒临灭绝。

喀麦隆火山

喀麦隆火山位于喀麦隆西南部几内亚湾沿岸，是非洲著名的活火山。火山基底长 50 千米，宽 35 千米，面积 1 200 平方千米，呈椭圆形。主峰法科峰海拔 4 070 米，是非洲西部最高峰。20 世纪以来先后喷发 4 次，最近一次于 1982 年 10 月喷发。

贾河动物保护区

贾河动物保护区是喀麦隆最大的保护区，面积 5 260 平方千米。保护区内 90% 的区域尚未受到人类活动干扰。贾河几乎把保护区团团围住，构成了保护区的天然边界。保护区内生存着 107 种哺乳动物，其中有 5 种濒临灭绝。1982 年，贾河动物保护区被列入《世界文化与自然遗产保护名录》。

纹面艺术

在喀麦隆，有些人的面孔上刻着各种奇形怪状的图案，有的是几条横向刀痕，有的是一个五角星，有的甚至是公鸡或者蝎子的图案，这就是当地著名的纹面艺术。不同的图案具有不同的含义，这是非洲人的祖传秘密，绝对不向外人透露。

林贝黑沙滩

林贝黑沙滩面临大西洋的几内亚湾，背靠喀麦隆火山，是喀麦隆著名的旅游度假胜地。火山腰间喷出的熔岩和火山灰朝着大海的方向流动。熔岩流向了大海深处，而火山灰就与海滩上的泥沙糅合在一起。由于海水和风力长年累月的作用，熔岩与泥沙合二为一，变成了黑沙滩。

“我的问题墙”

喀麦隆牲畜大检阅是怎样的？

居住在喀麦隆高原到乍得湖沿岸的游牧部族——颇尔族人，每年 11 月份举行霍顿戈节，它意味着人们放牧后平安归来。庆祝活动中，最有特色的是牲畜大检阅。数千头膘肥体壮的牛羊有秩序地通过检阅台，历时几个小时，场面蔚为壮观。牛群从检阅台前经过时，主人一声口哨，每头牛都伸长脖子，高声吼叫起来，声若雷鸣，惊天动地。

喀麦隆为什么被称为“微型非洲”？

喀麦隆位于非洲中西部，不仅风光旖旎，旅游资源丰富，而且民族众多，有富尔贝、巴米累克、赤道班图、俾格米、西北班图等 200 多个民族，人文景观迷人，浓缩了非洲大陆多种地貌、气候类型和文化特征，所以历来就有“微型非洲”的美称。

喀麦隆女人头上有什么绝活儿？

喀麦隆女人擅长用头顶物品，她们所顶的物品五花八门：在农村，主要是农具或者农作物；在城市则是各种小商品。如果物品不太重，一般都是直接放在头顶上。如果太重，会先在头上放一个小草垫或布垫。有时她们头上顶的东西会比较奇特：一盘鸡蛋、一把锄头、一台缝纫机、一个汽车轮子等，她们不但不用双手扶着，而且还能行走如风，让观者目瞪口呆。

喀麦隆人是怎么以酒为媒的？

在喀麦隆，男孩看上一个姑娘后，便和父母带着一葫芦酒去求婚。在双方互相了解后，女孩如果有意，就会接过酒葫芦，敬父亲和兄长喝，然后她自己也啜上一口，再把葫芦递给意中人，请他喝酒。姑娘和男孩都喝了酒，就意味着订立了婚约。如果女方不同意，也会照样喝酒，但在客人告辞时，会送上酒钱，暗示拒绝。

South Africa

出发，南非

南非

我的名片

中文名称：南非共和国

首都：比勒陀利亚（行政首都）、开普敦（立法首都）、布隆方丹（司法首都）

国土面积：121.909 万平方千米

著名景点：好望角、桌山等

主要人口组成：祖鲁人、科萨人、斯威士人、茨瓦纳人等

人口：5 671.72 万（2017 年）

官方语言：英语、阿非利卡语

国旗：

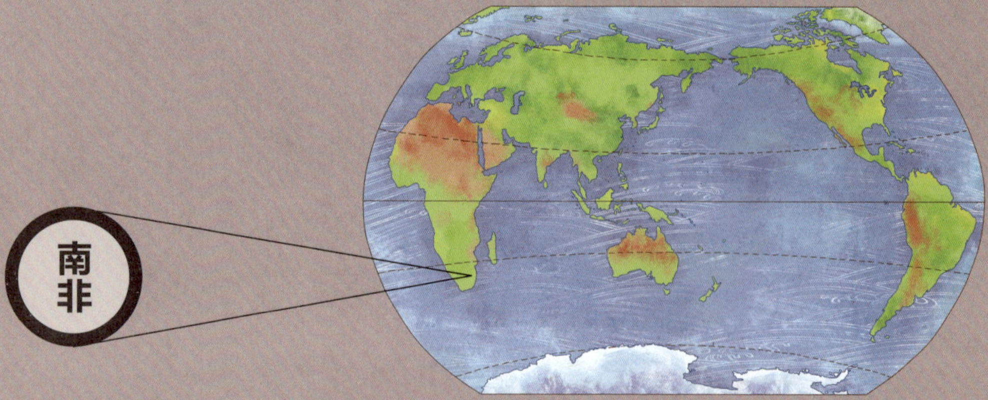

南非
2010世界杯
SOUTH AFRICA 2010
比勒陀利亚
(行政首都)
斑马
布隆方丹
(司法首都)
大西洋
开普敦
(立法首都)
大象
印度洋
好望角
N
W
E
S

“我的照片墙”

好望角

好望角是非洲西南端非常著名的岬角。在苏伊士运河开通之前的三百多年时间里，好望角航路是欧洲人前往东方的唯一海上通道。苏伊士运河开通后，这条航路的作用虽有所减弱，但仍然是欧亚之间不可或缺的重要通道，一些巨轮还必须从这里通过。

海豹岛

海豹岛是一座位于豪特湾的小岛，因岛上为数众多的海豹与海鸥而闻名。这里的海豹个头不大，却总喜欢高昂起头，挤作一堆。它们以鱼类为食，在水中灵活自如，游速极快，每小时可达 28 千米。一般的鱼类只要被它们发现，很快就成为其腹中之食了。

克鲁格国家公园

克鲁格国家公园是南非最大的野生动物园，公园长约 320 千米，宽 64 千米，占地约 2 万平方千米。园中一望无际的旷野上，分布着众多的大象、狮子、花豹、野水牛、牛羚、黑斑羚等珍禽异兽。

黄金城

约翰内斯堡是南非最大的城市和经济中心，素有“黄金城”的美誉，它地处世界最大的黄金脉矿中心，周围 240 千米的弧形“金带”内分布着几十个金矿，储量约占世界黄金储量的 60%。

桌山

桌山的意思是“海角之城”，是南非的平顶山，耸立于开普半岛北端，可俯瞰开普敦市和桌湾。桌山主峰海拔 1 067 米，山顶平面长 1 500 多米，宽 200 多米，开阔无比，像是一个巨大的桌面。由于地处两洋交汇的特殊地理位置，加上奇特的气候环境，山顶终年云雾缭绕。

太阳城

太阳城大约位于南非第一大城约翰内斯堡的西北方 130 千米处，是著名的娱乐城。由南非亿万富翁梭尔 · 科斯纳出资建造，在 1978 年 7 月动工，1979 年 12 月 7 日正式落成。太阳城豪华而完整的设备及浑然天成的自然美景，吸引了世人的目光。

“我的问题墙”

南非为什么有三个首都？

早在100多年前，南非所在的地方曾有四个国家，它们分别是开普共和国、纳塔尔共和国、德兰士瓦共和国和奥兰治共和国，其首都分别是开普敦、德班、比勒陀利亚和布隆方丹。1910年，英国将它们组成南非联邦，经过协商，最后把行政首都定为比勒陀利亚，立法首都定为开普敦，司法首都定为布隆方丹。于是，南非就有了三个首都。

南非为什么盛产钻石？

在地质历史上，南非发生过多次火山活动，强烈的高温将地壳内成分为碳的物质汇集后结晶为金刚石，通过火山喷发送到地表。那些品质上乘的金刚石达到了制作饰品的标准，于是南非就逐渐成为高档钻石的集散地。

为什么称南非为“彩虹之国”？

“彩虹之国”不是真正意义上的彩虹，而是由南非大主教在种族隔离后成立南非共和国时提出的一个建议。因为南非有各种人种和民族文化，所以称它为“彩虹之国”，寓意不同种族的人们和平地生活在这个美丽的国家里。

印度洋和大西洋的分界线为什么会随时变化？

印度洋和大西洋是两位个性完全不同的巨人。印度洋暖流沿非洲东海岸南下，而南大西洋寒流迎头北上，两股洋流在非洲大陆南端相遇。它们交锋的战场并不固定，总是在好望角和厄加勒斯角之间游移，所以两个大洋真正的分界线也是每时每刻都在变化的。

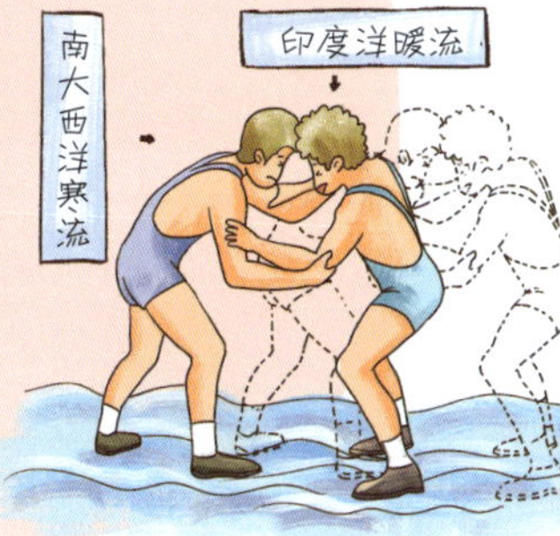

Madagascar

出发，马达加斯加

马达加斯加

我的名片

中文名称： 马达加斯加共和国

首都： 塔那那利佛

国土面积： 59.075 万平方千米

著名景点： 塔那那利佛王宫、安布希曼加古城等

主要人口组成： 伊麦利那族、贝希米扎拉卡族、贝希略族等

人口： 2 557.09 万（2017 年）

官方语言： 法语

国旗： 

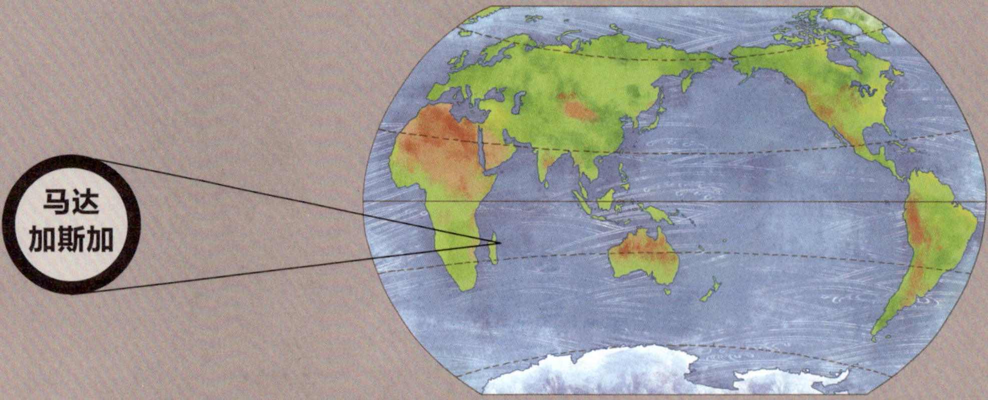

马达加斯加

“我的照片墙”

安布希曼加古城

安布希曼加是马达加斯加的古城，位于首都塔那那利佛北 20 千米，是一座树木茂密的山庄，称为“蓝色山丘”。因为这里有王宫和皇室陵寝，又称“圣城”。

赠送鸡尾、鸡腿

在新年前的一周里，马达加斯加的男女老少都不准吃肉，直到除夕晚餐才能吃些禽类。元旦这天，夫妇要向双方的家长赠送鸡尾，表示尊敬。还要向兄弟姐妹和至亲好友赠送鸡腿，表示关心和祝福。

孤独棋

孤独棋是马达加斯加特有的一种棋。棋盘由硬木做成，盘上刻有 37 个小坑（棋子位）和 39 颗（两颗备用）。球状的矿石做成的棋子。玩法为“跳跃取子”。先随意取出盘上的任意一颗棋子，然后将相邻的棋子依次横向或纵向（不可斜向）跳过另外一颗棋子，并将它放在空位上，每跳一次就将被它跳过的那颗棋子取出。就这样一直走下去，直到不能再跳了为止。

游泳婚礼

在马达加斯加的游泳婚礼上，会先播放《婚礼歌》的音乐。当仪式开始后，新郎新娘会在亲友的祝福下一起跳入大海，向深海游去，半小时后才会回到岸上，然后在亲友簇拥下回家举办正式婚宴。

狐猴

狐猴是一种可爱温顺的小动物，长着一双美丽的大眼睛和长长的尾巴，一身灰棕色的皮毛。有的狐猴脸颊和身上有黑白两种颜色，娇小玲珑。狐猴已被列入《世界濒危动物名录》，有 30 多种狐猴生活在马达加斯加，在世界其他地方已经看不到它们的踪影了。

塔那那利佛王宫

塔那那利佛王宫是马达加斯加现存最古老的王宫，是安德里亚纳姆波伊尼麦利那国王在 1788 ～ 1810 年执政时的住地。王宫为木质结构，建在石砌的台基上，长约 7 米，宽 6 米，屋顶由一根 10 米长的黄檀木支撑，双层黄檀木板为壁，每块板宽 40 ～ 45 厘米，厚 7 厘米，共计 110 余块木板。

“我的问题墙”

牛在马达加斯加的地位如何？

在马达加斯加，牛不但是家庭财富的象征，也是国家的标志之一，享有特殊地位。在马达加斯加，牛要像孩子一样接受洗礼。一个星期中，有一天不能强迫牛干活。重要建筑物上还会摆放完整的牛头以示尊贵。日常生活中，遇到婚丧嫁娶等重大事件，人们都要宰牛设宴，宰杀牛的数量显示着主人的身份和地位。

猴面包树因何而得名？

在马达加斯加有很多猴面包树，它们树形壮观，果实巨大如足球，甘甜多汁，是猴子、猩猩、大象等动物最喜欢的美味。当它的果实成熟时，猴子就成群结队而来，爬上树去摘果子吃，因此它便得名为猴面包树了。

马达加斯加的蛇树会吃人吗？

在马达加斯加岛，有一种会吃人的蛇树。它的形状像一个巨大的菠萝，树干呈圆筒状，枝条像蛇一样。这种树极为灵敏，当鸟儿落在它的枝条上时，很快就会被它抓住而不见了。1937 年，美国植物学家里斯尔曾无意中碰到蛇树的树枝，他的手很快就被缠住，结果费了很大力气才挣脱出来，但手背却扯掉一大块肉。

马达加斯加岛东西部的气候为什么不一样？

马达加斯加岛多东南风，风从海洋上吹来时，经过马达加斯加暖流，带来了丰富的湿热水汽。马达加斯加岛东侧是迎风坡，气流沿坡而上，最后凝结成云并产生降雨，所以形成多雨的热带雨林气候。而岛的西侧处于背风坡，降水较少，于是形成了热带草原气候。

Tunisia

出发，突尼斯

突尼斯

我的名片

中文名称：突尼斯共和国

首都：突尼斯市

国土面积：约 16.2 万平方千米

著名景点：杰姆古罗马竞技场、杜加古城遗址等

主要人口组成：阿拉伯人、柏柏尔人

人口：1 153.21 万（2017 年）

官方语言：阿拉伯语

国旗：

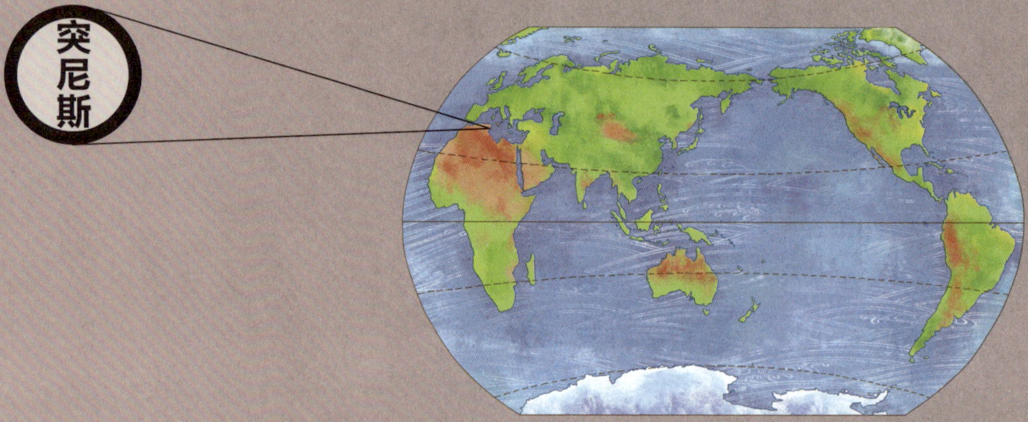

突尼斯

“我的照片墙”

地下穴居

马特马他位于突尼斯南部，是一个柏柏尔人居住的小村庄，至今仍然有一些当地的柏柏尔居民住在传统的地下穴居里。穴居的典型结构是首先从地面开凿一个非常大的坑，然后从这个坑的侧面再横向挖洞穴作为房间，一些房间之间还会有连接的通道。住在里面凉爽舒服，一年四季都不受气候变化的影响。

蓝白小镇

蓝白小镇全名是西迪布萨义德，位于突尼斯首都突尼斯城东北部，所有的房屋都只有两三层高。之所以称它为“蓝白小镇”，是因为这个坐落在地中海海边峭壁上的镇子，所有的房屋只有两种颜色，白色的墙，蓝色的门窗。

杜加古城遗址

杜加古城遗址是保存最完好的古罗马遗址，距离首都突尼斯市100千米，位于海拔600米的小山丘上，可俯瞰一望无际的麦田和橄榄树林，居高临下，地势险要。杜加古城的建筑形式采用大块石头分隔垒砌的奇特结构，极具罗马风格。

杰姆古罗马竞技场

杰姆古罗马竞技场位于突尼斯东部的一个叫杰姆的小乡村，是世界上保存最好的古罗马竞技场。竞技场呈椭圆形，用1米长、70厘米宽高的大石块兴建而成。竞技场为典型的罗马建筑风格，高36米，分3层，共60座拱门，拱门由石柱支撑，可容纳35 000名观众，是世界三大竞技场之一。

撒哈拉狂欢节

每年12月，在撒哈拉沙漠边缘的杜兹镇都会举行撒哈拉狂欢节。开幕式上，身披盔甲的壮士横枪立马在前开路，由100峰骆驼组成的队列紧随其后，最后面是身着民族服装表演民族舞蹈的妇女和儿童。开幕式结束后，独特的骆驼赛跑、斗骆驼等精彩表演相继开始，把联欢活动推向高潮。

考斯考斯

考斯考斯是突尼斯最著名的小吃之一，被尊为国菜。其做法是将肉类与蔬菜煮熟，再掺进香料，最后在上面铺上小米饭。在突尼斯，这道小吃只用来招待重要的客人。

我的问题墙

突尼斯人的姓名有哪些特点？

突尼斯人的姓名十分有趣，一般由三部分或者四部分组成，前面为本人的名字，中间为父亲的名字，后面是祖父的名字。不少人还会借用历史名人、古代将领、著名政治人物的名字。突尼斯人的姓名重复现象随处可见，在首都突尼斯市，就有很多人叫“马赫拉斯”这个名字。

突尼斯人民的“摇钱树”是什么？

突尼斯人一向视橄榄树为摇钱树，因为突尼斯盛产橄榄，拥有6 000多万棵橄榄树，全国平均每人拥有10棵以上橄榄树。同时，突尼斯是世界第四大油橄榄出口国，每年会用油橄榄换回大量外汇，所以这些树就成了突尼斯人民的“摇钱树”。

突尼斯人为什么用蛇迎接客人？

在突尼斯斯佩米德人居住的地方，如果客人到访，主人先将客人迎进厅室，相互进行问候。然后，主人便会拿出一黑一白两条小蛇，放进客人的衣袋里，白蛇表示欢迎客人的到来，黑蛇表示对客人的友好。客人不能表现出任何的恐惧或者厌烦，应该高高兴兴地表示感谢，否则有可能让主人不开心或者生气。

突尼斯人为什么都喜欢茉莉花？

据说突尼斯本来不产茉莉花，它是随着伊斯兰教一起，从沙特圣城麦加传来的。正因为如此，茉莉花在突尼斯人心目中是吉祥花，认为佩戴茉莉花可以给自己和家人带来幸福、平安。在重要场合，人们习惯把长长的茉莉花环挂在客人脖子上，一直垂到胸口，以示敬重与友好。

Ethiopia

出发，埃塞俄比亚

埃塞俄比亚

我的名片

中文名称：埃塞俄比亚联邦民主共和国

首都：亚的斯亚贝巴

国土面积：约 110.4 万平方千米

著名景点：拉利贝拉教堂、东非大裂谷等

主要人口组成：奥罗莫族、阿姆哈拉族等

人口：1.05 亿（2017 年）

官方语言：阿姆哈拉语

国旗：

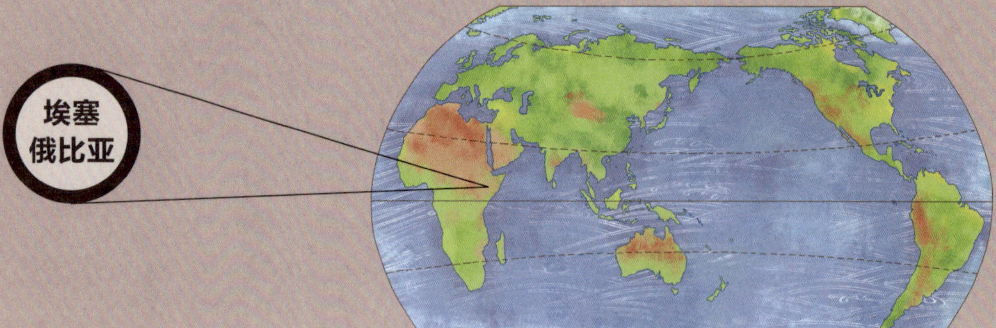

埃塞俄比亚

“我的照片墙”

阿克苏姆考古遗址

阿克苏姆是埃塞俄比亚的历史名城，位于东北高原，其海拔为 2 100 米。这里最为引人注目的是许多高耸的花岗岩方尖石塔和巨大无比的石柱。它们约建于公元 306 年，均由整块岩石凿成，是当今世界上独一无二的景观。

独特的历法与计时法

埃塞俄比亚人有自己的“历法”和“计时法”：“埃历”把每年 365 天分成 13 个月，前 12 个月每月为 30 天，第 13 个月是小月，仅有 5～6 天；“计时法”是把太阳升起时作为一天的开始，早晨 6 点为零点，下午 6 点为白天 12 小时的结束，同时也是夜间 12 小时的开始。

“黄金”温泉

“黄金”温泉是位于埃塞俄比亚宽干谷的一座天然硫黄温泉，温泉的水面低于海平面，水中盐分极高。受盐及其他矿物的影响，泉水呈现鲜亮的金黄色。

英吉拉

英吉拉是埃塞俄比亚的主食，是用当地苔麸粉或大麦粉做成糊状发酵后，在平底锅内烙烤而成的。味道略酸，一般在吃的时候会蘸肉汤或者菜汤。

独特装扮

埃塞俄比亚加拉族女人特别注重化妆。她们把头发用油脂弄硬，并在其中加些草梳成小辫，耳朵穿孔佩草制或白色贝壳制成的花环，手和脚戴上金属的手镯与脚镯，还在身上涂抹香料。

拉利贝拉岩石教堂

在埃塞俄比亚的北部，有 11 座隐藏在绿色橄榄树林中的拉利贝拉教堂。它们建于公元 12 世纪后期拉利贝拉国王统治时期。这些教堂坐落在岩石的巨大深坑中，是在坚硬的岩石中开凿而成的。

“我的问题墙”

穆尔西妇女为什么嘴插大盘子？

在埃塞俄比亚有一个原始部落，叫穆尔西族，这个民族的女子嘴里能放下硕大的盘子，把嘴撑得大大的。穆尔西人以大嘴为美，传统上有三种解释：一是古时人们为防止外族入侵或者奴隶主看上本族的姑娘，故意把她们打扮得吓人以保其平安；二是防止魔鬼从嘴里进入身体；三是女子美丽的标志。

埃塞俄比亚为什么被称为“东非水塔”？

埃塞俄比亚地处非洲东部，境内以山地高原为主，平均海拔近 3 000 米。高原四周地势逐渐下降，多地形雨，水资源丰富。所以，埃塞俄比亚河流、湖泊众多，全国有 30 多条较大河流均发源于中部高原，如阿巴伊河、特克泽河、巴罗河等。因此，人们称埃塞俄比亚为“东非水塔”。

东非大裂谷为什么被称为“地球的伤疤”？

东非大裂谷分为东西两支，其中东支裂谷带为主裂谷，宽几十千米至 200 千米，深达几百米至 2 000 米，全长达近 6 000 千米。东非大裂谷是世界上延伸最长、规模最大的大裂谷，地跨中东与东非，所以人们将其称为“地球的伤疤”。

埃塞俄比亚为什么定马蹄莲为国花？

传说埃塞俄比亚是种植马蹄莲最早的国家。1887 年，孟尼里克二世皇帝统一埃塞俄比亚后，想要寻找合适的地方建立都城。他的皇后看到这片地方开满马蹄莲，非常美丽，就决定在这里建都。后来，埃塞俄比亚国民一致同意选马蹄莲为国花。

Uganda

出发，乌干达

乌干达

我的名片

中文名称：乌干达共和国

首都：坎帕拉

国土面积：24.155 万平方千米

著名景点：巴哈伊教堂、赤道圈等

主要人口组成：班图人、尼罗人、尼罗－闪米特人、苏丹人

人口：约 4 290 万（2017 年）

官方语言：英语、斯瓦希里语

国旗：

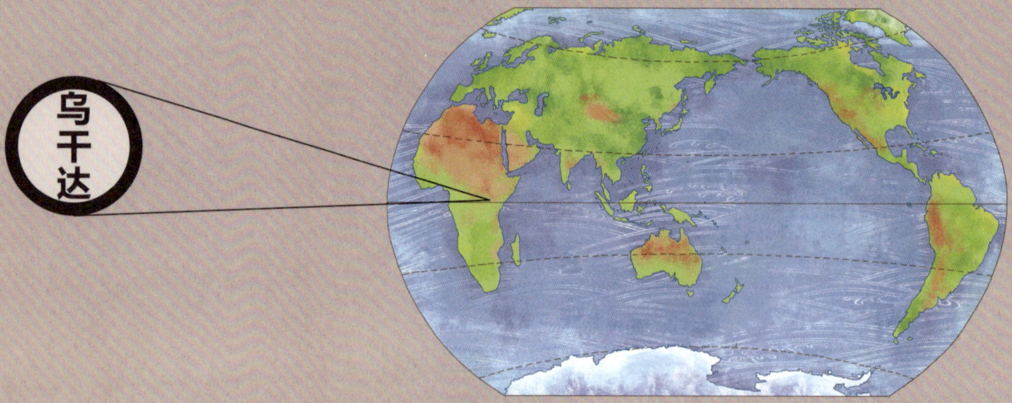

乌干达

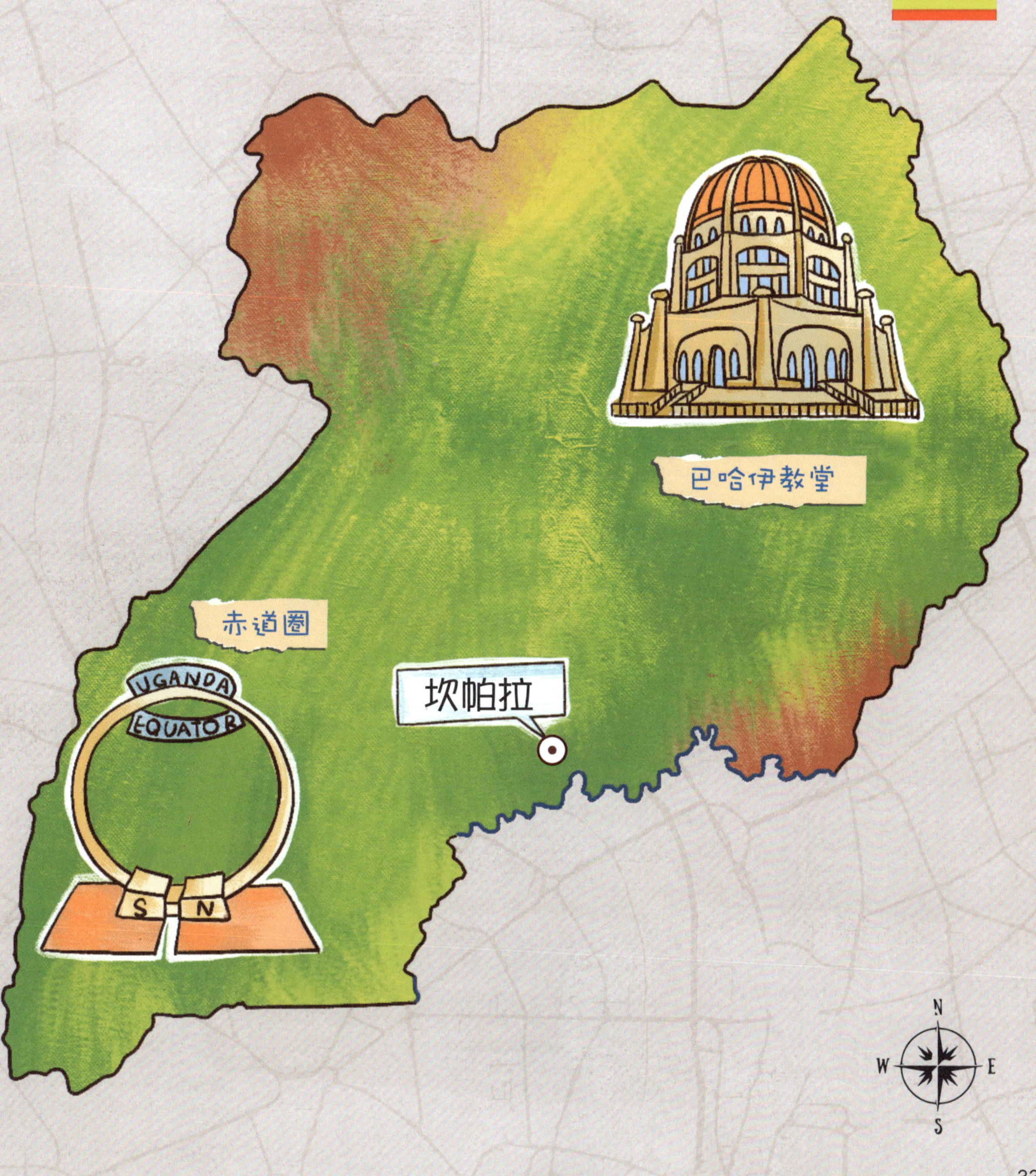

“我的照片墙”

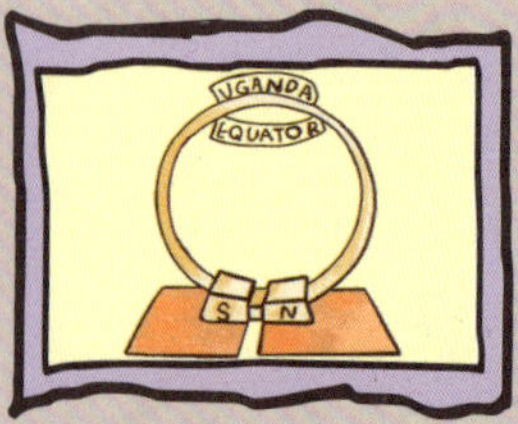

赤道圈

赤道圈位于坎帕拉以西约 80 千米处，是东西公路干道必经之处，因正位于赤道线上而得名。赤道圈是一个直径约 2.5 米高的环型标志建筑，设计独特，分居公路南北两侧，遥相呼应。

巴哈伊教堂

巴哈伊教堂坐落于基卡亚山头，离乌干达首都坎帕拉市中心 4 千米。教堂高约 38 米，穹顶直径约 13 米，四周有 9 扇门，可同时容纳 200 人。教堂周围绿茵环抱，风景优美。

皇冠鹤

皇冠鹤因其头顶类似皇冠的金色羽毛而得名，被称为鹤中之王，是乌干达国鸟。生活在乌干达的皇冠鹤体型高大，羽色略浅，头冠特别艳丽，为同类中的佼佼者。

马托基

马托基是乌干达国宴的主菜。以一种不甜的香蕉品种为原料，剥皮捣成泥状，蒸熟后拌上红豆汁、花生酱、红烧鸡块、咖喱牛肉。吃过马托基的人普遍称赞这是世界上最好吃的饭之一。

尼罗河源头

1862 年，英国探险家斯皮克进入乌干达的布干达地区。经考察，他宣布位于维多利亚湖北岸金贾的出口处为尼罗河的发源地。后来，人们在被斯皮克宣布为尼罗河发源地的地方立碑纪念，此地便成为著名的尼罗河源头。

卡苏比王陵

卡苏比王陵位于坎帕拉西面约 16 千米处，是乌干达王国时期的皇家陵园，埋葬着王国的最后 4 位国王。卡苏比王陵是最原始材料建筑的典范，主要由棕榈树叶、芦秆、篱笆条等材料建成。2010 年 3 月 16 日，王陵失火，王陵内的主建筑物基本被大火烧毁。

“我的问题墙”

乌干达为什么被称为“高原水乡”？

乌干达位于东非高原，东非大裂谷纵贯西部，谷底河湖众多，境内河流沼泽总面积约占国土面积的 17.8%。维多利亚尼罗河与艾伯特尼罗河水量丰沛，沿河多险滩瀑布。维多利亚湖是世界第二、非洲最大的淡水湖，有 42.8% 在乌干达境内。乌干达水源丰富，因而被称为“高原水乡”。

乌干达为什么被称为“香蕉之国”？

在乌干达，漫山遍野都是果实累累的香蕉树。人们头上顶的，自行车后面带的，卡车上装运的，都是绿中透黄的香蕉串。市场上，香蕉堆积如山；餐桌上，香蕉食品花样繁多。在乌干达，真是处处种香蕉，人人说香蕉，天天吃香蕉，所以人们都说乌干达是“香蕉之国”。

乌干达的卡拉莫贾人为什么不穿衣服？

生活在乌干达东北山区的卡拉莫贾人认为穿衣服是不吉祥的，会招致祸害。因此在殖民统治时期，卡拉莫贾被视为禁区，卡拉莫贾人被看作野人，不准与内地人接触。由于长期与世隔绝，卡拉莫贾人便日益形成了自己独特的风俗。他们不管男女老少，皆不穿衣服。乌干达政府曾在那里推行过强制穿衣，但遭到当地人的强烈反对。

乌干达人为什么入夜不下棋？

乌干达人喜欢玩非洲象棋——奥姆韦索棋。不过，按照传统，夜幕降临后，乌干达人是绝对不会玩奥姆韦索棋的。据说，在夜间玩奥姆韦索棋的时候，如果有豹子发出吼叫，下棋的人必须将棋盘带到最近的河流进行洗涮，以免遭遇厄运。可是这样，他们又会担心豹子会趁机袭击自己的家，所以乌干达人从不在夜间下奥姆韦索棋。

Côte d'Ivoire

出发，科特迪瓦

科特迪瓦

我的名片

中文名称：科特迪瓦共和国

首都：亚穆苏克罗（政治首都）、阿比让（经济首都）

国土面积：32.2463 万平方千米

著名景点：和平圣母教堂、塔伊国家公园等

主要人口组成：阿肯族、曼迪族、沃尔特族、克鲁族

人口：2 320 万（2016 年）

官方语言：法语

国旗：

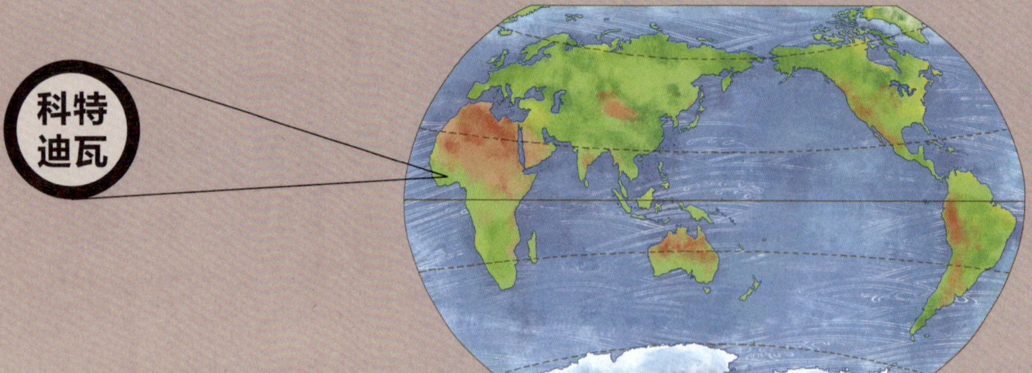

科特迪瓦

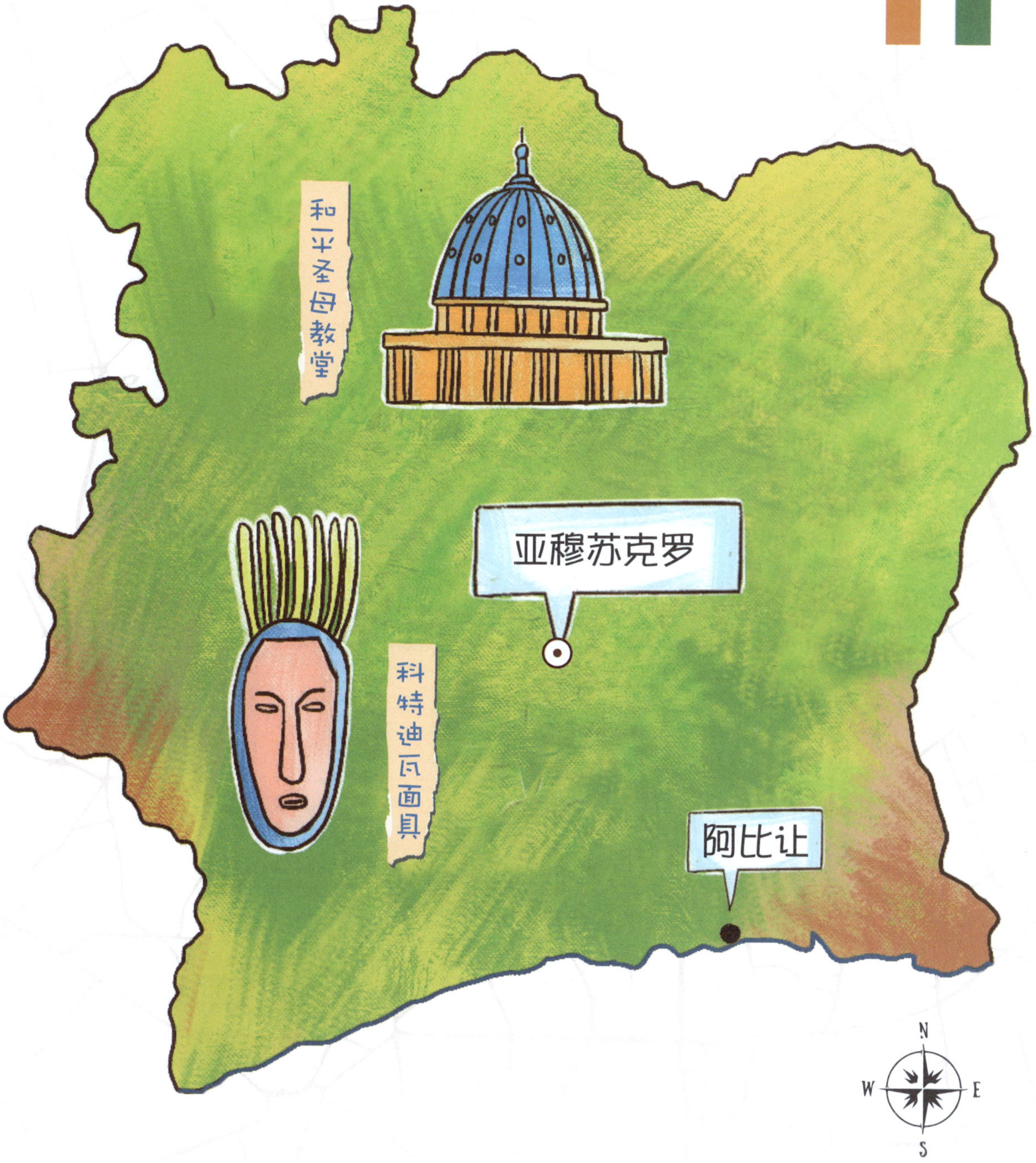

“我的照片墙”

巴萨姆海滩

巴萨姆海滩位于阿比让东边大约 45 千米，是科特迪瓦最漂亮，也是最有名的海滩之一。躺在沙滩椅上，在海滩待上一整天，充分享受着非洲的阳光洒在身上，是一件非常放松的事情。

塔伊国家公园

塔伊国家公园位于科特迪瓦西南部，是西非地区保留较为完整的热带原始森林，占地面积 3 500 平方千米，周围另有约 1 560 平方千米的森林保护区。当地共有 5 种哺乳动物被列入《国际自然保护联盟濒危物种红色名录》，分别是倭河马、绿疣猴、豹、黑猩猩和珍氏遁羚。

传统服饰

传统上科特迪瓦男人穿“布布”肥袍。袍子一般用两块天蓝或雪白的棉布横拼而成，无袖，圆领口开到胸，长及脚面，两侧开口从肩到膝。身着“布布”时，需戴一顶紫毡或白色针织小帽，或用白布缠头。女人的传统服装是用一块花布齐两腋或在腰间一围，垂到脚踝，这块做围裙的布叫“帕涅”。

独特婚俗

科特迪瓦埃布里埃族的订婚礼物一般分两次送。第一次是姑娘生日时，小伙子亲自把一对脚环和一些薯块送到姑娘的父亲手里；第二次是在选定婚期的当天，小伙子要向姑娘家送非洲法郎和几块做“帕涅”裙的布料。之后，小伙子和姑娘便成为合法夫妻。

和平圣母教堂

和平圣母教堂是世界上最高的教堂，位于科特迪瓦的行政首都亚穆苏克罗，是科特迪瓦的骄傲。整座建筑高达 158 米，5 000 块彩色玻璃镶嵌在教堂的窗户上。教堂内部的站席可以容纳 11 000 人，而教堂中殿的 7 000 个座位都有个人独立的空调系统。

柯拉果

科特迪瓦人自古以来有食用刺激品的嗜好，例如爱吃柯拉果。柯拉果含有 2% 的咖啡因和脂肪、蛋白质等，具有与茶、咖啡同样的刺激兴奋作用，能促进微循环，放松神经，增加记忆力。

“我的问题墙”

“象牙海岸”为什么改名为“科特迪瓦”？

“象牙海岸”的国名其实一直都没有改动过，只是翻译方式变了而已。从前，各国翻译其国名的时候，都是意译，因而造成其国名的开头字母在各种语言中都不同。在征得联合国同意后，从1986年1月1日起，“象牙海岸”便要求各国将自己国家的名字改为音译，即变成了“科特迪瓦”。

科特迪瓦是怎么敬老的？

科特迪瓦历来有尊老敬长的习俗。冒犯长者是一件大逆不道的事情，在家会受到长者们的责骂或者棍打，在公共场合会受到众人的斥责和咒骂。在一个家庭中，最年长者是一家之长，拥有至高无上的权力，即使家长的兄弟或者子女担任了国家高级领导人，回到家中的第一件事也是向这位一家之长请安汇报。

科特迪瓦的面具是怎样雕刻出来的？

科特迪瓦的雕刻艺术家在进行创作时，选择好适用的木料后，就会挑选一个远离人群、十分隐秘的地方把自己封闭起来，进行创作。每一件面具在雕刻的时候，他们都完全依靠自己的想象。据说这种创作方法是为了让创作者用自己的心灵去和神灵沟通，让神灵指导自己去完成这一切，这样创作出来的作品才会具有灵性。

埃布里埃族人为什么一夫多妻？

科特迪瓦东南沿海的埃布里埃族人实行一夫多妻制，他们认为多妻是富有的标志，如果一个男人仅有一个妻子，表明其家境不宽裕。除了炫耀外，埃布里埃族人多娶妻子也有劳动的需要，因为他们的妻子们不仅能够操持家务，而且还能从事繁重劳动，这样以便腾出丈夫的时间，让他们去参与和处理村里乃至部落里的事务。

Nigeria

出发，尼日利亚

尼日利亚

我的名片

中文名称：尼日利亚联邦共和国

首都：阿布贾

国土面积：92.3768 万平方千米

著名景点：卡拉巴尔、卡诺等

主要人口组成：豪萨族、富尔贝族、约鲁巴族、伊博族等

人口：1.9 亿

官方语言：英语

国旗：

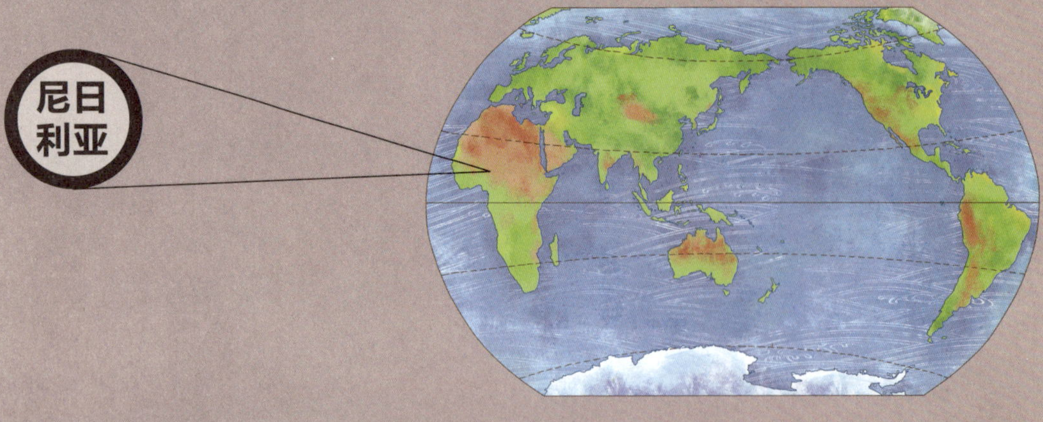

尼日利亚

“我的照片墙”

莎罗节

尼日利亚富拉尼族人的莎罗节是锻炼青年人意志力的节日。青年人按年龄组合，摆出挨打的姿势，嘴里吟着咒语，然后由同龄人挥鞭抽打，一道道血痕在身上出现。如果挨打者稍有动摇，就被看成“胆小鬼”。

非洲鼓

非洲鼓起源于西非部落，是属于土著民族的传统乐器，通常是挂在脖子上边走边打。在尼日利亚有一种夹在腋下演奏的小鼓，随着手臂对鼓身皮条施加的压力不同，鼓的音高可以随时变化。

石油资源

尼日利亚是非洲第一大产油国，石油产业是尼日利亚最重要的经济收入来源。尼日利亚经济中，70% 的财政收入以及 90% 的出口收入都依赖于石油。

五色饭

五色饭是尼日利亚人最爱食用的传统食物，是用玉米面（黄色）、木薯面（浅黄色）、豆类面（咖啡色）、蔬菜（绿色）、西红柿（红色）混合在一起烧制而成的糕状或糊状食物。

真主柱屋

西非富拉尼族人的真主柱屋是以 28 根木杆搭成形同半张开的雨伞的架子，终年用树皮作屋面。雨季加厚，旱季去薄。室内三面支床，一面是门。门朝圣地麦加方向，意在求真主保佑。

野牛

非洲野牛平均体长 2.1 ～ 3.4 米，高 1.4 ～ 1.7 米，体重 425 ～ 900 千克。个别野牛体重可以达到 1 吨。非洲野牛脾气暴躁，性情凶猛，虽然是素食动物，但却是非洲最可怕的猛兽之一。

“我的问题墙”

尼日利亚的胖美人是怎样养成的？

在尼日利亚东部伊博族居住的地区，有一种奇特的审美标准：女人越胖越美。按照当地传统，姑娘在出嫁前，会住进一所单独的房子里，并在这里生活数月，甚至一年，她每天的任务就是吃掉母亲定时送来的大量食物，直到自己的身体变得丰满。

尼日利亚为什么要迁都到阿布贾？

尼日利亚以前的首都拉各斯位置偏西，与其他地区联系不便，而且人口稠密，交通拥挤，环境卫生问题日益增多。新首都阿布贾位于全国的地理中心，地形开阔，气候凉爽，水源丰富。所以，尼日利亚政府最终决定将首都迁到了阿布贾。

“尼日利亚骗局”是什么？

“尼日利亚骗局”是一种从 20 世纪 80 年代就开始流行的行骗手法，因源于尼日利亚而得名。骗子通常称自己有一笔巨款要汇出国外，希望能借收信人的银行账户一用，并承诺将这笔巨款的一至三成作为报酬。有人上当后，骗子就要求先汇些手续费、电汇费、政府税金等乱七八糟的费用，最后骗子拿到了钱，就人间蒸发了。

尼日利亚为什么被称为西非的“天府之国”？

尼日利亚面积广大，人口众多，物产丰富，矿产资源丰富，尤以石油、天然气最为突出，是非洲最大的石油生产国和世界第六大石油出口国，迄今已探明石油储量 372 亿桶，居世界第十位。其天然气资源也很丰富，已探明天然气储量居世界第八位、非洲第一位。所以，尼日利亚被称为西非的“天府之国”。

Niger

出发，尼日尔

尼日尔

我的名片

中文名称：尼日尔共和国

首都：尼亚美

国土面积：126.7 万平方千米

著名景点：阿伊尔高地、泰内雷沙漠等

主要人口组成：豪萨族、哲尔马族、桑海族、图阿雷格族、颇尔族、卡努里族

人口：2 150 万（2017 年）

官方语言：法语

国旗：

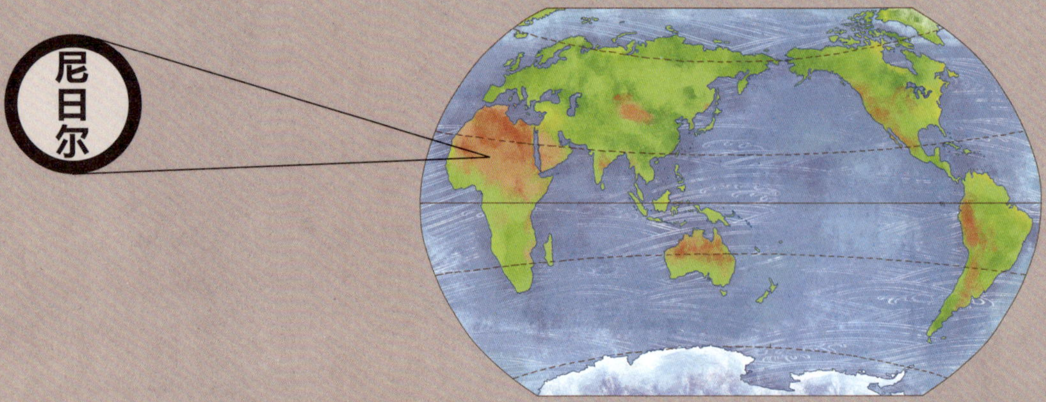

尼日尔

“我的照片墙”

婚俗

尼日尔人有早婚习俗，男子结婚年龄大都在 18 ～ 20 岁，女子标准婚龄则是 14 岁左右。在尼日尔农村盛行一夫多妻制，妻子分别领着亲生子女居住在用泥土筑成的圆形小屋中。

饮食习惯

尼日尔人最喜欢吃烤肉。人们围着烤肉串的沙丘席地而坐，面前摆着分别装有食盐、胡椒粉和辣椒面的盘子，然后取出烤熟的肉串，边蘸佐料边吃。

阿伊尔高地

阿伊尔高地位于尼日尔中部阿加德兹以北，是一片炭灰色高地。它由阿伊尔的山峰和高原历经漫长岁月的雕琢而逐渐形成。

泰内雷沙漠

泰内雷沙漠位于尼日尔东部，西邻阿伊尔高原，西北连阿哈加尔高原，东北接贾多高原，南向乍得盆地敞开。面积达 40 万平方千米，占尼日尔全国面积的三分之一，是非洲著名沙漠之一。

掩嘴用餐

图阿雷格人号称“非洲邮差”。历史上，他们往来撒哈拉沙漠南北，以游牧和商业为生。因为他们经常携带大量货物、牲畜长途旅行，所以养成了“吃饭是秘密”的风俗，男性不能直接吃别人递来的食物，吃饭时也要掩住嘴巴。

长子只能叫外号

尼日尔的豪萨人有不能直接叫长子名字的风俗，称呼长子只能叫外号，例如“喂”“那谁”。但是这个风俗只是针对孩子父母而言，外人甚至孩子的弟妹、长辈，都可以叫名字。

“我的问题墙”

尼日尔的男子为什么要参加选美比赛？

在尼日尔的博罗罗人部落，有一个非常奇特的传统，那就是举行男子选美大赛。参赛的小伙子们穿上漂亮的衣服，跳着欢快的舞蹈，尽力展现自己健硕的肌肉和矫健的身姿，尤其是洁白的牙齿和明亮的眼睛。围观的姑娘们拥有评判权，哪个小伙子得到的呼声最多，哪个小伙子就会得到更多姑娘的芳心。

尼日尔人为什么怕冷不怕热？

尼日尔人很怕冷，在当地的 11 月冬季，最低气温也不过 17℃，但很多人都夸张地穿起了毛衣和棉衣，还冷得簌簌发抖。这是因为尼日尔人的身体长期适应了炎热的环境，皮肤很薄，很细腻，毛孔很小却很多，这样的身体构造很适于皮肤散热却不适于保存热量，因此他们都怕冷不怕热。

尼日尔的经济为什么很落后？

尼日尔地处撒哈拉沙漠地带，年平均气温在 30℃左右，是世界上非常炎热的国家之一。由于处在西非腹地，交通非常不便，同时，尼日尔的经济结构单一，农业、畜牧业是国家的经济命脉所在，受自然灾害影响较大，因此总体经济仍十分困难。

图阿雷格男人为什么要戴面纱？

图阿雷格人是世界上唯一的男人外出时戴面纱的民族。由于图阿雷格人生活在沙漠地区，脸上遮上面纱可以保护面部不受沙暴袭击。还有一种流行的说法是：如若一个将要死的武士不遮住他的面孔，灵魂就会从鼻、口逃出去。另有传说认为，没有面纱的图阿雷格男人注定要成为恶鬼。现代的图阿雷格人也不知道怎样解释，但他们都认为不戴面纱给人看见是不适当的。

出版策划：张焱宏
美术编辑：周邦雄
装帧设计：木　木
　　　　　桃　子
特邀审校：段桂华
　　　　　杨　凡

第4卷
美洲

地图里的世界

带着问题去旅行

斯塔熊文化　编绘

山东友谊出版社

图书在版编目（CIP）数据

地图里的世界：带着问题去旅行 / 斯塔熊文化编绘.
--济南：山东友谊出版社，2020.5

ISBN 978-7-5516-1959-2

Ⅰ.①地… Ⅱ.①斯… Ⅲ.①地理－世界－问题解答
Ⅳ.①K91-49

中国版本图书馆CIP数据核字（2019）第194101号

地图里的世界：
带着问题去旅行

DITU LI DE SHIJIE：DAI ZHE WENTI QU LVXING

制　　作　墨明青简

责任编辑　肖　静

主管单位　山东出版传媒股份有限公司

出版发行　山东友谊出版社

地　　址　济南市英雄山路189号　　邮政编码　250002

电　　话　出版管理部（0531）82098756

　　　　　市场营销部（0531）82098035（传真）

印　　刷　鸿博睿特（天津）印刷科技有限公司

开　　本　720mm×1000mm　1/12

字　　数　200千字

印　　张　19.5

版　　次　2020年5月第1版

印　　次　2020年5月第1次印刷

审 图 号　GS（2019）3627号

定　　价　108.00元（全5册）

目录

Contents

U.S.A
出发，美国

美国

我的名片

中文名称：美利坚合众国

首都：华盛顿哥伦比亚特区

国土面积：962.91 万平方千米

著名景点：白宫、国会山等

主要人口组成：非拉美裔白人、拉美裔、非洲裔、亚裔等

人口：3.28 亿（2018 年）

官方语言：英语

国旗：

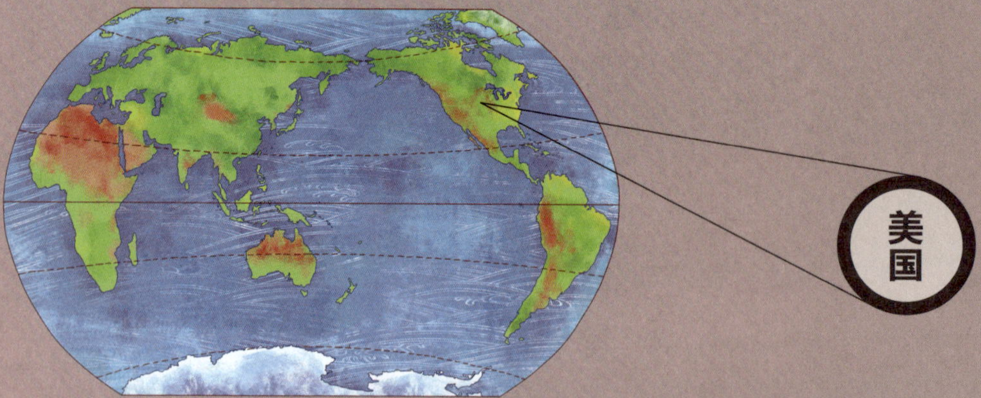

美国

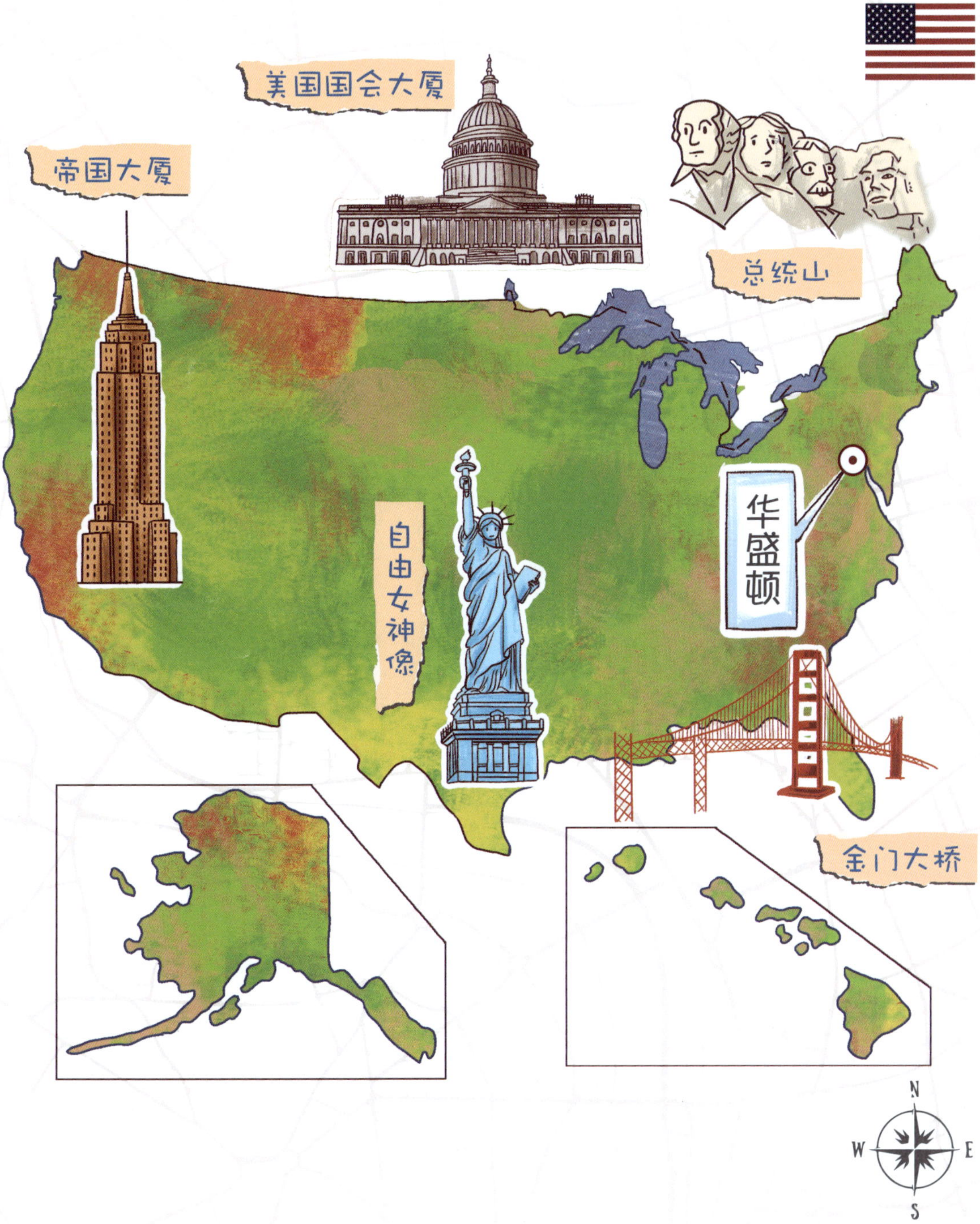

“我的照片墙”

金门大桥

金门大桥屹立于旧金山金门海峡之上，是世界著名的桥梁之一。桥身全长 1 900 多米，历时 4 年建成，使用了 10 多万吨钢材，耗资达 3 550 万美元，是近代桥梁工程的一项奇迹。

民族的熔炉

美国是一个移民国家，吸引了近代国际移民的半数以上。世界各大洲 100 多个民族都有自己的后裔生活在美国。在共同的经济文化生活中，移民逐渐融合成为统一的通用英语的美利坚民族。

帝国大厦

帝国大厦位于美国纽约州纽约市曼哈顿第五大道 350 号、西 33 街与西 34 街之间，是美国最著名的地标和旅游景点之一。大厦于 1930 年动工，1931 年落成，建造过程仅 410 天，是建筑史上的奇迹。大厦高达 440 多米，共 102 层。

美国国会大厦

美国国会大厦位于美国首都华盛顿，是美国国会所在地。国会大厦是一幢 3 层白色建筑，中央耸立着 3 层大圆顶，圆顶之上立有一尊高 6 米左右的青铜雕像。其两侧的南北翼楼，分别为众议院和参议院办公地。

自由女神像

自由女神像位于纽约市哈德逊河口，是 1876 年法国政府为纪念美国独立 100 周年而赠送给美国人民的礼物。雕像右手高举象征自由的火炬，左手捧着《独立宣言》，脚下是打碎的锁链，象征着自由、挣脱暴政的约束。

总统山

总统山坐落于南达科他州基斯通附近的美国总统纪念公园，上面有四座高 18 米多的美国前总统头像雕塑，从左到右依次分别是乔治 · 华盛顿、托马斯 · 杰斐逊、西奥多 · 罗斯福和亚伯拉罕 · 林肯，这四位总统被认为代表了美国建国 150 年来的历史。

“我的问题墙”

为什么美国西部各州之间的边界线特别直？

美国独立战争胜利后，英国承认在美国的13个殖民地独立，这便是美国最初的13个州，它们的边界是不规则的。与此同时，英国又把密西西比河以东，阿巴拉契亚山脉以西的土地划归给美国。这些土地被按长方形进行丈量，分成方块，然后组合成县和州。后来，美国对新取得的土地都沿用了这种方法，于是形成了美国现在的州界。

美国的国旗上为什么有50颗小星星？

1818年美国国会通过法案，国旗上的红白宽条固定为13道，五角星数目应与合众国州数一致。每增加一个州，国旗上就增加一颗星，一般在新州加入后的第二年7月4日执行。所以，美国每增加一个州，国旗上就会加一颗星。迄今为止，美国国旗上已有了50颗星，代表着美国的50个州。

阿拉斯加州为什么离美国本土那么远？

阿拉斯加州原本是属于俄国的领土。1853年10月，克里米亚战争爆发，俄国害怕阿拉斯加殖民地被英国夺走，于是提议将阿拉斯加卖给美国。1867年3月29日，美国政府同意以720万美元的价格购买阿拉斯加。1959年，阿拉斯加被升格为美国的第49个州。

美国的五大湖是怎么形成的？

第四纪冰期时，五大湖地区的冰盖厚达2 400米，侵蚀力极强，原有低洼谷地受到冰川的刨蚀，逐渐扩大而成今日的湖盆。当大陆冰川后退时，冰水聚积于冰蚀洼地中，便形成了五大湖的水面。

Canada
出发，加拿大

加拿大

我的名片

中文名称：加拿大

首都：渥太华

国土面积：997.6 万平方千米

著名景点：尼亚加拉瀑布、哈利法克斯城堡等

主要人口组成：英裔、法裔等

人口：3 670.8 万（2017 年）

官方语言：英语、法语

国旗：

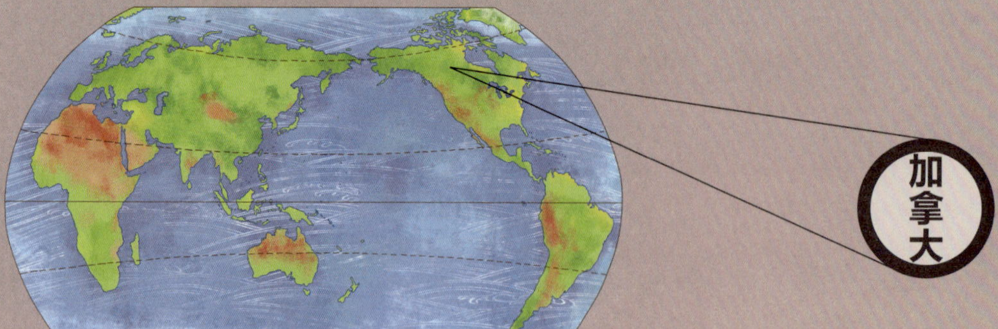

加拿大

“我的照片墙”

魁北克节

6 月 24 日是魁北克省的魁北克节。这一天，蒙特利尔市要组织大游行，下午 2 点开始，5 点结束。晚上是大规模的露天演出。由于魁北克省的省旗图案是蓝白两色，所以在这一天，魁北克省许多人家的大门口都要吊起蓝气球和白气球，当地报纸也会提醒人们要穿蓝白两色的服装。

冰球运动

冰球运动于 19 世纪中叶起源于加拿大，在加拿大被奉为国球。运动员穿着特制的冰刀、护具和服装，手持球杆在冰场上击球，以击入对方球门内的球数多者为胜。冰球运动速度快，对抗性强，激烈程度高，有助于培养运动员勇敢、坚毅、机智、果断等素质和强壮的体质。

诺特丹圣母大教堂

诺特丹圣母大教堂位于蒙特利尔旧城区，建于 1829 年，是北美最大的教堂。教堂内部装饰金碧辉煌，收藏有众多艺术品。教堂可容纳 5 000 人，双塔高近 70 米，西边塔上还挂有北美最古老的巨大时钟。

尼亚加拉瀑布

尼亚加拉瀑布是世界第一大跨国瀑布，位于加拿大安大略省和美国纽约州的交界处，瀑布源头为尼亚加拉河，主瀑布位于加拿大境内。汹涌的河水奔泻而下，雷霆万钧，极其壮观。

诺尔曼 · 白求恩

诺尔曼 · 白求恩是加拿大著名胸外科医生。中国全民族抗日战争爆发后，他率领医疗队来到延安，为中国革命事业做出了巨大贡献。白求恩去世后，毛泽东为了悼念他，专门写了一篇文章《纪念白求恩》，并于 1939 年 12 月 21 日发表。

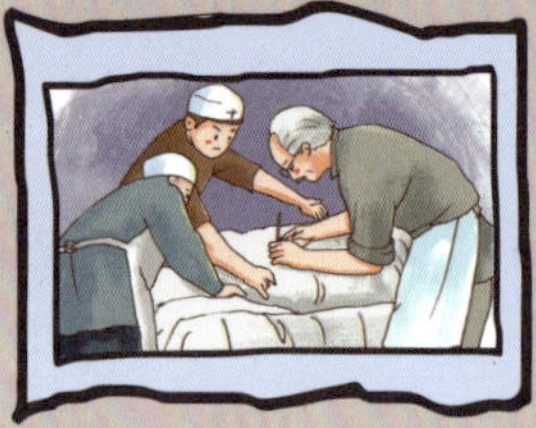

“三不”饮食文化

“三不”是指在加拿大请客吃饭都不设烟酒、不吃热食、不排桌席，客人们自己动手随意选取自己爱吃的食物，然后自己找地方用餐。

“我的问题墙”

加拿大的国旗上为什么有一片枫叶？

加拿大的东南部气候温凉，降水丰富，满山遍野生长着枫林。秋天，火红的枫叶为大地披上鲜艳的盛装。加拿大人喜爱枫叶，在商品上、书刊上、用具上……到处都可以看到枫叶的图案。枫树成了加拿大的国树，而在加拿大的国旗中，枫叶便理所当然地成了主体图案。

蒙特利尔为什么被称为“小巴黎”？

蒙特利尔是加拿大第二大城市，位于魁北克省南部，在圣劳伦斯河及其支流环抱的蒙特利尔岛上，市区分布在岛上皇家山和韦斯特山上，是依山临水、风光秀丽的古老山城。蒙特利尔有 60%以上的居民是讲法语的法国移民后裔，使该城成为世界上第二大讲法语的城市，因此素有“小巴黎”之称。

渥太华为什么要举办郁金香节？

第二次世界大战期间，荷兰王室朱莉安娜公主一家到加拿大首都渥太华避难。朱莉安娜公主当时有孕在身，根据荷兰王位继承法规定，新生的皇子或公主必须诞生于荷兰国土，才能被承认为皇族的一员。可是加拿大的法律又规定，凡出生在加拿大境内的人生下来自动成为加拿大的落地公民。后来，加拿大政府将公主分娩的产房赠送给荷兰政府，终于解决了这一难题。朱莉安娜公主回国后，荷兰政府送给加拿大 10 万株郁金香，并将那间产房归还给加拿大。1948 年，朱莉安娜公主成为荷兰女王，并决定每年赠送渥太华 1 万株郁金香。渥太华为了答谢荷兰女王，便从 1953 年起开始举办每年一度的郁金香节。

Mexico

出发，墨西哥

墨西哥

我的名片

中文名称：墨西哥合众国

首都：墨西哥城

国土面积：196.4375 万平方千米

著名景点：奇琴伊察玛雅城邦遗址、月亮金字塔等

主要人口组成：印欧混血人、印第安人等

人口：1.29 亿（2017 年）

官方语言：西班牙语

国旗：

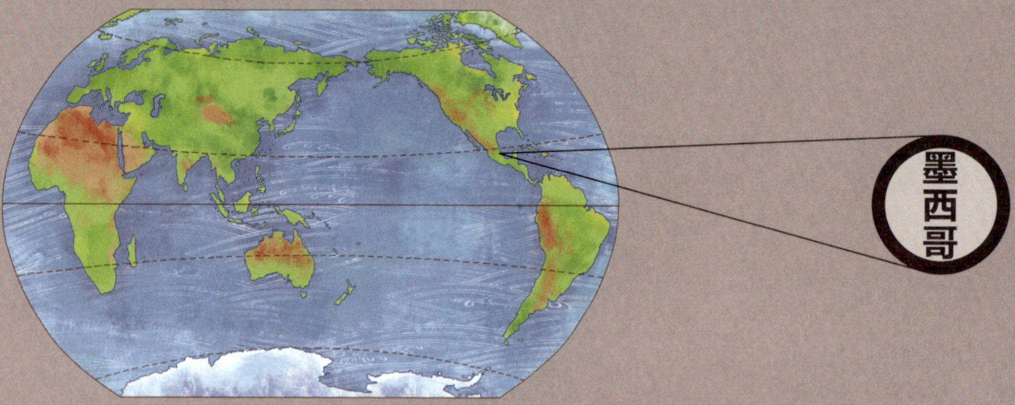

墨西哥

“我的照片墙”

墨西哥大教堂

墨西哥大教堂位于墨西哥城中心，宪法广场的北侧，是墨西哥最大和最主要的天主教堂。墨西哥大教堂始建于1573年，1823年以后才正式完工，历时250年，堪称美洲建筑历史之最。

许愿葡萄

葡萄是每一个墨西哥家庭年末必备的食物之一。辞旧迎新的钟声每响一下，人们便吃下一粒“许愿葡萄”，一共要吃12粒，求“平安”“幸福”“健康”和“财富”，12粒葡萄代表着新的一年从年初至岁末的12个月都吉祥如意。

独立纪念碑

纪念碑整体为圆柱形，高36米。顶端天使神像高6.7米、重7吨，为镀金铜像。她的右手托着一顶用橄榄枝编织而成的桂冠，象征自由与和平；左手握着一节链条，表示历时300年的西班牙殖民统治的枷锁已被彻底砸断。

月亮金字塔

月亮金字塔坐落在特奥蒂瓦坎古城城北，是祭祀月亮神的地方。金字塔分为5层，200多级台阶每级倾斜角度皆不相同。外部叠砌的石块上绘有许多色彩斑斓的壁画，塔前的宽阔广场可容纳上万人。

拉丁美洲塔

拉丁美洲塔位于墨西哥城，塔高181米。它建在一个非常活跃的地震带上，在落成的第二年，它所在的地方就遭受了一次地震袭击，但是它并未受损。1985年更强烈的地震袭击了这里，而拉丁美洲塔仍安然无恙。

龙舌兰酒

用龙舌兰叶酿制而成的龙舌兰酒是墨西哥的一大特产。龙舌兰酒的度数比较高，喝起来会有一些辣辣的而带香甜的感觉绕于舌尖，缠绵于喉。

“我的问题墙”

墨西哥城为什么四季如春?

墨西哥城因为海拔高，所以夏季时不是很热。冬季时，墨西哥城因为纬度低，所以也不是很冷。于是，墨西哥城便四季如春了。

墨西哥城为什么被称为“壁画之都”?

在墨西哥城，许多建筑物的墙壁上都绘有反映古印第安人生活和墨西哥历史发展进程的壁画。壁画以分布广、画面大、色彩鲜艳、题材广泛而著称，并富有浓郁的民族风格。来到墨西哥城的人们，无不被这些光彩夺目的壁画所吸引。因此，墨西哥城便被人们称为“壁画之都”。

墨西哥人吃水果为什么要蘸辣椒?

墨西哥人爱吃辣椒，无论是城市还是乡村，无论是普通人家还是豪华酒楼，餐桌上都少不了辣椒。甚至，他们吃水果时也要蘸上辣椒。大街小巷，到处都可以看到小贩们把杧果、甜橙削皮，插在一根小棍上，蘸上一层红红的辣椒粉大声叫卖。游人们则一个个举着蘸满辣椒粉的杧果或橙子，吃得满嘴通红，津津有味。

墨西哥为什么被称为“仙人掌之国”?

墨西哥境内大部分是高原和山地，属荒漠、半荒漠地区，很适宜仙人掌的生长。所以，在墨西哥到处都可以见到仙人掌。墨西哥的仙人掌种类繁多，占世界已知仙人掌品种数的一半以上。仙人掌的用途很广，墨西哥人把它当作蔬菜和水果食用，也用它酿酒和制糖。所以，墨西哥被称为“仙人掌之国”。

Cuba

出发，古巴

古巴

中文名称：古巴共和国

首都：哈瓦那

国土面积：11.09 万平方千米

著名景点：巴拉德罗海滩、贝拉雅马尔大岩洞等

人口：1 148.5 万（2017 年）

官方语言：西班牙语

国旗：

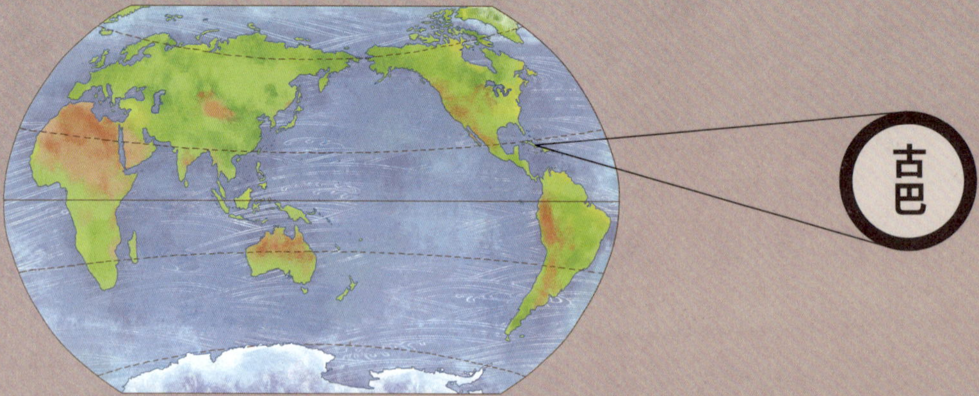

古巴

“我的照片墙”

古巴雪茄

烟草是古巴的传统经济作物，著名的“哈瓦那雪茄”就产自这里。全世界了解雪茄的人都一致认为，只有古巴肥沃的红土，才能孕育出世界上最好的烟草。

哈瓦那旧城

哈瓦那旧城位于哈瓦那湾西侧的一个半岛上，面积不大，街道狭窄，是古巴首都哈瓦那在西班牙人殖民统治时期建设和发展起来的地区，至今还留有许多西班牙式的古老建筑，是总统府所在地，大部分华侨也集居于此。

迎新习俗

在古巴，每年除夕之夜，人们都要准备一碗清水。等到午夜，教堂的钟声一响，人们就都端起碗，将水泼出屋外，以示送走旧年，迎来新年。

巴拉德罗海滩

巴拉德罗海滩位于古巴哈瓦那以东 140 千米处，长达 25 千米，宽 50 ~ 100 米，是集大海、沙滩、阳光、蓝天为一体的最美海滩。这里的海水具有蓝色的一切层次，色彩从近到远由浅蓝色变为蔚蓝色，在天际处又变为深蓝色。

古巴林蚺

古巴林蚺是一种无毒蛇，主要分布于古巴及其附近的岛屿群，主要进食蜥蜴类及两栖动物，也有部分品种会进食如鼠类等啮齿类动物。成年的古巴林蚺通常有 30 ~ 61 厘米长，不过也曾有体长 91 厘米的古巴林蚺被发现。

朗姆酒

朗姆酒的原产地在古巴，是用甘蔗榨出来的糖汁，经过发酵、蒸馏而成。根据不同的原料和酿制方法，朗姆酒可分为朗姆白酒、朗姆老酒、淡朗姆酒、朗姆常酒、强香朗姆酒等，含酒精 38% ~ 50%，酒液有琥珀色、棕色，也有无色的，口感甜润，芬芳馥郁。

“我的问题墙”

古巴为什么被称为“世界糖罐”？

古巴气候温暖，土地肥沃，雨量充沛，尤其适宜甘蔗的生长。古巴人均产糖量和出口量位居世界第一，所以被人们称为“世界糖罐”和“世界上最甜的国家”。

圣地亚哥为什么被称为“英雄城”？

圣地亚哥是古巴最古老的城市之一，始建于1541年，1589年以前曾是殖民统治中心。这里的人们粗犷、勇敢、尚武不屈，古巴两次独立战争的许多重要战役都在这里进行，因此，这里被称为“英雄城”。

古巴斗鸡是怎样的？

在古巴，斗鸡比赛非常盛行，但纯属娱乐，因为古巴禁止一切赌博活动，不过私下设赌斗鸡比赛的情况依然屡禁不止。如果想让自家的鸡参与比赛，先要将斗鸡送去请兽医检查，接着被称重、注册，并按照体重分组。比赛前，参赛者还要用蜡将距铁固定在斗鸡的腿上。失败的一方通常被另外一方狠狠啄死，最后被扔出场外，胜者身上也必定伤痕累累。

古巴人为什么互称“同志”？

古巴是美洲唯一的社会主义国家，所以至今“同志”这个称呼在古巴的使用率也非常普遍。一些上了年纪的人，受传统礼节的影响，见面时相互称“先生”。对外来客人，多数情况下称“同志”，在正式官方场合则称“先生”或“同志”，是出自礼节性交往的需要。在许多场合，“先生”这个称呼表示与对方划清界限，以示不满。

Panama

出发，巴拿马

巴拿马

我的名片

中文名称：巴拿马共和国

首都：巴拿马城

国土面积：7.71 万平方千米

著名景点：巴拿马运河、孔塔多拉岛、圣布拉斯群岛等

人口：407 万（2017 年）

官方语言：西班牙语

国旗：

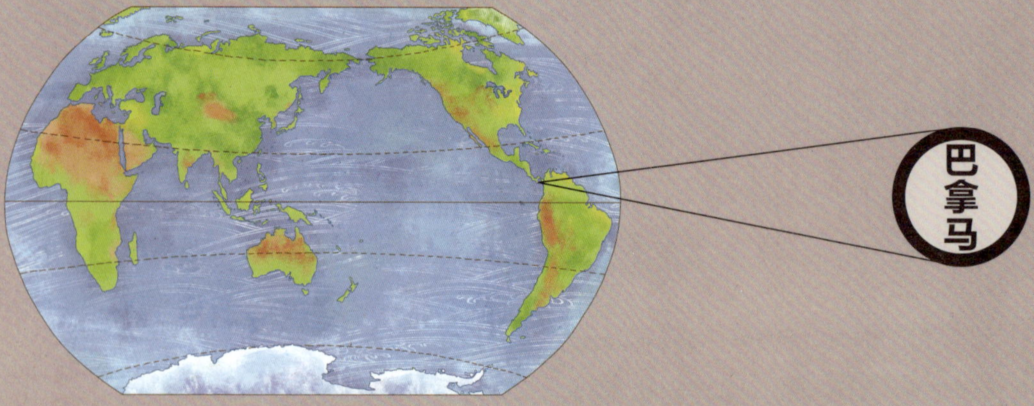

巴拿马

“我的照片墙”

恩贝拉族

在巴拿马运河区不远的地方，生活着一群恩贝拉族印第安原住民。恩贝拉族人的生活非常原始，不通自来水，不通电，基本上仍是刀耕火种。他们筑茅草屋，造独木舟，种草药，以打鱼和采集水果为生。他们中很多人都不穿衣服，只在腰间围一块遮羞布。

孔塔多拉岛

在巴拿马湾的太平洋中，由北向南散布着 10 多个大大小小的岛屿，这些岛屿叫珍珠群岛。孔塔多拉岛是其中离大陆最近的一个，距巴拿马城大约 50 千米，也是其中最小的一个，面积只有 3.4 平方千米。孔塔多拉岛风景秀丽，海天一色，气候宜人，以产贵重珍珠闻名。

角雕

角雕是巴拿马的国鸟，是世界上最强有力的大型猛禽之一，其体长将近 1 米，体重可达 9 千克，以捕捉鹦鹉、猴子和树懒等为生。角雕的攻击力如灰熊一样强大，它的脚爪强劲有力，拥有 180 千克以上的握力，能够在进食前攫取并抓死它的猎物。

“失踪岛”

巴拿马的科伊瓦岛位于太平洋西海岸中部，由于很早就和大陆分离成为孤立岛屿，岛上毒蛇和昆虫繁多，四周鲨鱼出没，因此曾经被建成监狱岛。成千上万的囚犯来到这里注定无路可逃，因此小岛又被称为“失踪岛”。

巴拿马咖啡

巴拿马的巴鲁火山海拔超过 3 000 米，其周围的土地非常肥沃。这些高地具备的适当小气候、土壤、温度和高度，为巴拿马特有咖啡的播种和培育提供了充分的条件。由于品质高、产量少，巴拿马特种咖啡在国际市场上的销售价格处于最高行列。

巴拿马金蛙

巴拿马金蛙是巴拿马的国宝，是仅生存于巴拿马中部山区热带雨林中的濒危两栖动物，只有成人大拇指大小，体色呈鲜艳的黄色。巴拿马将每年的 8 月 14 日定为“金蛙日”，呼吁人们保护金蛙。

“我的问题墙”

巴拿马草帽是巴拿马的特产吗？

巴拿马草帽是世界闻名的一种草帽，它的质感柔软细腻，摸起来像丝绸，弹性、韧性十足，是酷男靓女们钟爱的头顶之物，也是诸多影星贵人的喜爱之物。不过，这种草帽最初却并不是巴拿马的特产，而是产自厄瓜多尔。原来，当年在修建巴拿马运河时，许多修河工人就戴着这种草帽，于是许多人就误以为它是巴拿马的特产了。

巴拿马为什么要收回巴拿马运河的主权？

巴拿马运河连接了太平洋和大西洋，是重要的航运要道，由美国建成并掌控，直到 1999 年 12 月 31 日，巴拿马政府才完全收回巴拿马运河的主权。其原因是这条运河是巴拿马的国家资源，又是沟通太平洋和大西洋的重要航运水道，具有重要的经济和战略意义。

为什么巴拿马运河需要船闸？

巴拿马运河连通了太平洋和大西洋，但大西洋的海平面却比太平洋的海平面高，运河上如果没有闸门，两个大洋的海面落差将导致运河水快速流动，船只在运河中航行时，就容易发生事故。因此巴拿马运河在修建的时候就设计了船闸。

为什么很多轮船都在巴拿马注册？

目前，国际海运船中的 20% 都悬挂巴拿马国旗，这是为什么呢？原来，巴拿马有着开放且便捷的船舶注册制度，而且始终保持低廉税费。巴拿马运河又是太平洋和大西洋之间的重要通道，因此，世界上许多船主都选择到巴拿马注册船只。

Brazil

出发，巴西

巴西

我的名片

中文名称：巴西联邦共和国

首都：巴西利亚

国土面积：851.49 万平方千米

著名景点：里约大教堂、耶稣山等

人口：2.086 亿（2017 年）

官方语言：葡萄牙语

国旗：

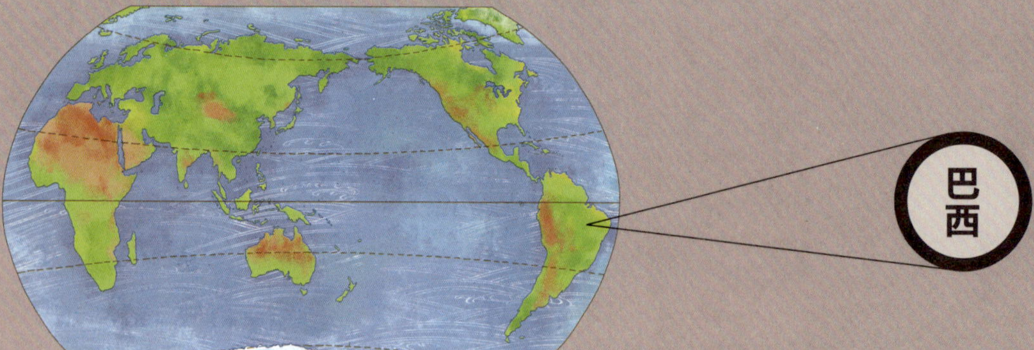

巴西

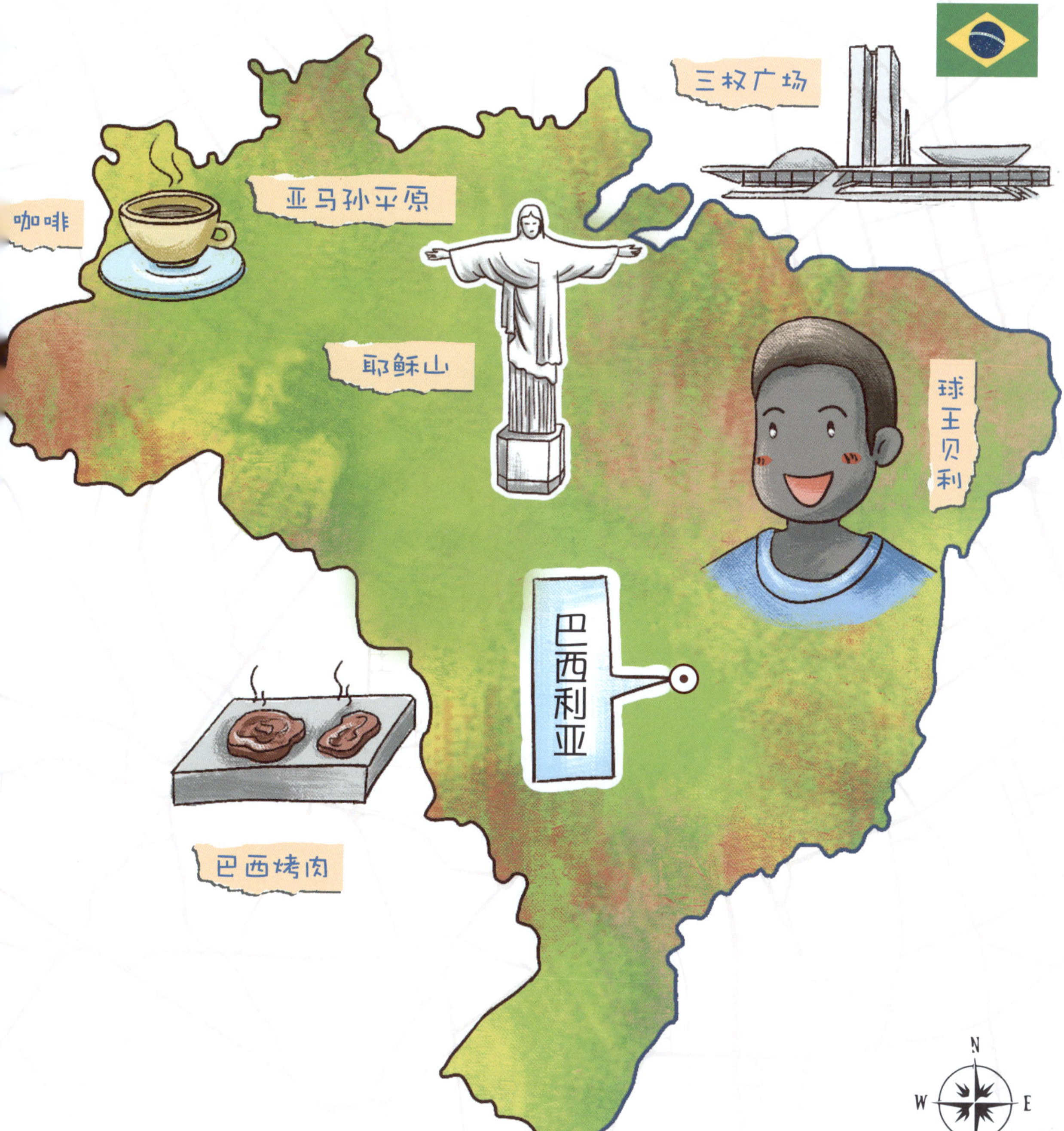

“我的照片墙”

巴西烤肉

巴西烤肉是巴西的国宴，主要原料有牛肉、鸡腿、猪肉、香肠等。将这些原料腌入味后，穿在一个长约一米带凹槽的扁平铁棍上，然后放在炭火上慢慢烧烤。烧烤期间要刷几次油，烤至两面金黄、肉香扑鼻的时候，就可以食用了。

桑巴舞

桑巴舞被公认为是巴西和巴西狂欢节的象征。桑巴舞以鼓、锣等打击乐伴奏，舞者双脚前移后退，身体侧倾，前后摇摆。桑巴舞的动作幅度很大，节奏强烈，给人以激情似火的感觉。

球王贝利

1940 年 10 月 23 日，贝利出生在巴西的一个贫寒家庭，他是二十世纪最伟大的体育明星之一，被国际足联授予“球王”称号。贝利在球场上司职前锋和攻击型前卫，被普遍认为是现代足球历史最佳球员之一。

三权广场

三权广场位于巴西首都巴西利亚，是一座露天广场。广场周围的建筑设计构思大胆、线条优美、轻盈飘逸。三权广场代表着国家的三种权力：总统府、国会、联邦最高法院，被称为巴西的神经中枢。

咖啡

巴西被形象地喻为咖啡世界的“巨人”和“君主”。巴西咖啡带有较低的酸味，配合咖啡的苦味，入口极为滑顺，而且又带有淡淡的青草芳香，余味令人舒活畅快。

耶稣山

耶稣山是里约热内卢的象征之一，山上建有一巨型耶稣基督像，是为庆祝巴西独立 100 周年而建。耶稣神像总高 38 米，站立在山头，两手向两旁平伸开，从远方望去，犹如挂在天上的一个巨型十字架。

“我的问题墙”

巴西为什么要迁都？

巴西的老首都是里约热内卢，早已出现过度的城市化现象。而巴西内陆虽然落后，但是开发潜力很大，迁都能推动巴西高原地区的发展。同时，巴西利亚气候凉爽，很适合建成新的城市，而且大致位于国家的中心位置，有利于国家管理，也有利于国防。

巴拉为什么用降雨计时？

在巴西的巴拉小城，居民习惯利用降雨来计算时间。因为当地气候湿热，每天都会有阵雨。更令人惊奇的是，每天降雨的次数一样多，并且什么时间降雨和两次降雨间隔的时间也非常固定，几乎没有什么变化。所以，当地人就把降雨当成了会报时的钟表。

巴西的亚马孙平原为什么人口稀少？

亚马孙平原是热带雨林气候，分布着大量的热带雨林，常年高温多雨，炎热潮湿，人类在这种环境下，会感到非常难受，因此这里从古到今都很少有人居住。

巴西为什么被称为“足球王国”？

巴西是举世公认的“足球王国”，因为对巴西人来说，足球是运动，但更是文化。巴西几乎人人都是球迷，他们把足球称为“大众运动”。无论是在海滩上，还是在城市的街头巷尾，都有人踢球。即使是在贫民窟，穷人家的孩子们也光着脚把袜子里塞满纸当球踢。

Argentina
出发，阿根廷

阿根廷

我的名片

中文名称：阿根廷共和国

首都：布宜诺斯艾利斯

国土面积：278.04 万平方千米

著名景点：伊瓜苏瀑布、科隆大剧院等

主要人口组成：白人、亚非移民后裔、印第安人等

人口：4 427 万（2017 年）

官方语言：西班牙语

国旗：

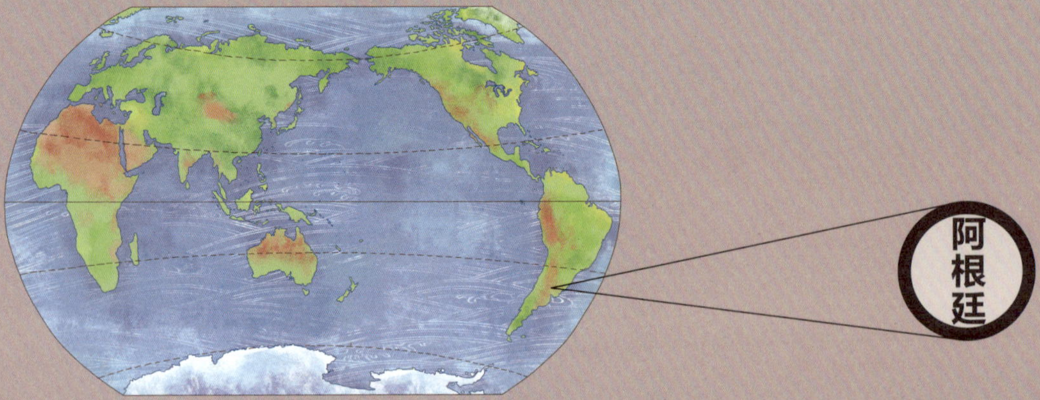

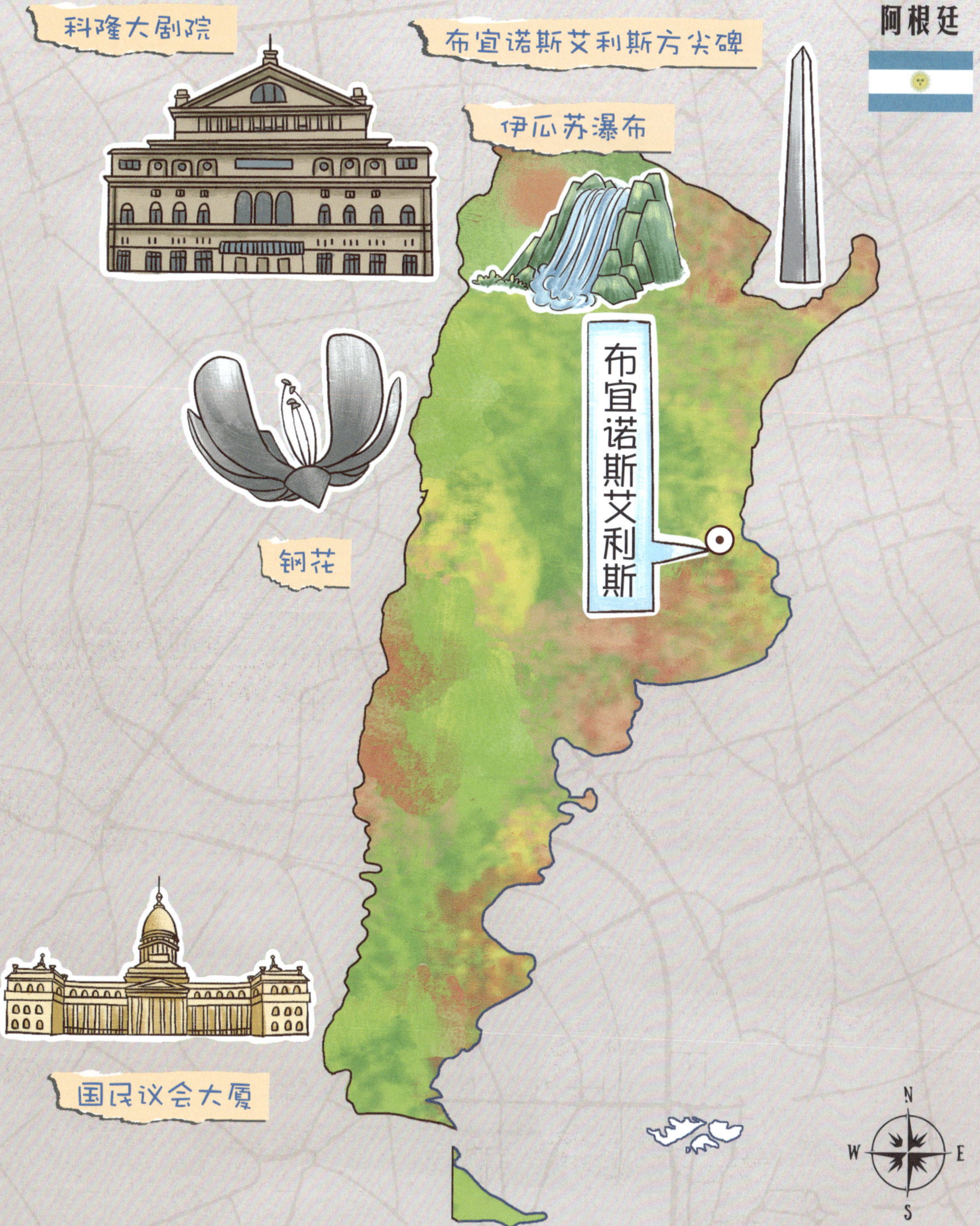
阿根廷
科隆大剧院
布宜诺斯艾利斯方尖碑
伊瓜苏瀑布
布宜诺斯艾利斯
钢花
国民议会大厦
N
W
E
S

“我的照片墙”

国民议会大厦

国民议会大厦在议会广场的西侧，是一座希腊罗马式的大理石建筑，建于 1906 年。最显眼的就是绿色的青铜圆顶，那是设计师参考了华盛顿国民议会大厦的外观，又加上自己的创意，才最终打造而成的。

伊瓜苏瀑布

伊瓜苏瀑布跨越了阿根廷和巴西两国，为马蹄形瀑布，宽 4 千米，比尼亚加拉瀑布宽 4 倍，是南美洲最大的瀑布，也是世界上最宽的瀑布。

阿根廷探戈

阿根廷是探戈的故乡，阿根廷探戈活泼、欢快，花样迭出。舞步或激烈或舒缓，两个舞伴的身体并行直立，几乎贴在一起，并且有快速旋转、踢腿下腰等动作，华丽高雅，热烈奔放。

钢花

钢花位于布宜诺斯艾利斯的北区联合国广场花园，由不锈钢和铝材铸成。花朵高 23 米，关闭时花的直径为 16 米，开放时为 32 米。花朵由 6 片大花瓣组成，总重 18 吨。花朵的基座是一个直径 44 米的水池。

布宜诺斯艾利斯方尖碑

布宜诺斯艾利斯方尖碑矗立在布宜诺斯艾利斯市中心，是布宜诺斯艾利斯的地标，它是 1936 年为了庆祝布宜诺斯艾利斯建城 400 年而设计建造的。碑高 67.5 米，其基座面积为 49 平方米。

科隆大剧院

科隆大剧院位于布宜诺斯艾利斯闹市中心，是世界第三大歌剧院，其绝妙的音响效果，完美得无以复加。剧场大厅呈马蹄形，面积 7 050 平方米，并围绕着 7 层包厢，拥有观众座位 3 200 个。

“我的问题墙”

布宜诺斯艾利斯为什么被称为“南美洲的巴黎”？

布宜诺斯艾利斯气候温和，全年平均气温 18℃，冬天极少低于 0℃，雨量也十分均匀，所以吸引了许多欧洲的移民到这里定居。这些移民带来了意大利文艺复兴时期的文化，再加上受到法国的影响，城市与建筑便呈现出欧式风格，尤其以巴黎风格影响最深。所以，布宜诺斯艾利斯便被誉为“南美洲的巴黎”。

在阿根廷举行葬礼时为什么要拍手庆贺？

阿根廷人死亡后，在将棺材抬起放到灵车上之前，所有前去吊唁的人会在同一时间大声拍手以示庆贺。因为阿根廷人相信，人死后会离开家人回到仁慈的上帝的怀抱，在美丽的天堂开始新的生活，这是一件非常值得庆贺的事。

阿根廷人为什么基本都是白种人？

16 世纪以前，阿根廷居住着印第安人。16 世纪初，西班牙人入侵阿根廷。18 世纪，阿根廷获得独立。19 世纪中叶，为发展经济，在萨米恩托总统的鼓励下，欧洲大批移民抵达阿根廷，一直发展到现在，所以阿根廷白人和印欧混血种人比例非常高，大约占 95%。

阿根廷为什么被称为“世界肉库”？

阿根廷有面积广阔的潘帕斯草原，畜牧业发达，以盛产高品质的牛肉而著称。阿根廷每年出口的牛肉量居世界第一，因此被世人称作“世界肉库”。同时，阿根廷也是全球吃牛肉最多的国家：平均每个阿根廷人每年要吃 68 千克牛肉，有 30% 的阿根廷人每天都要吃牛肉。

Venezuela

出发，委内瑞拉

委内瑞拉

我的名片

中文名称：委内瑞拉玻利瓦尔共和国

首都：加拉加斯

国土面积：91.64 万平方千米

著名景点：安赫尔瀑布、马拉开波湖等

主要人口组成：印欧混血种人、白人、印第安人等

人口：3 111 万（2017 年）

官方语言：西班牙语

国旗：

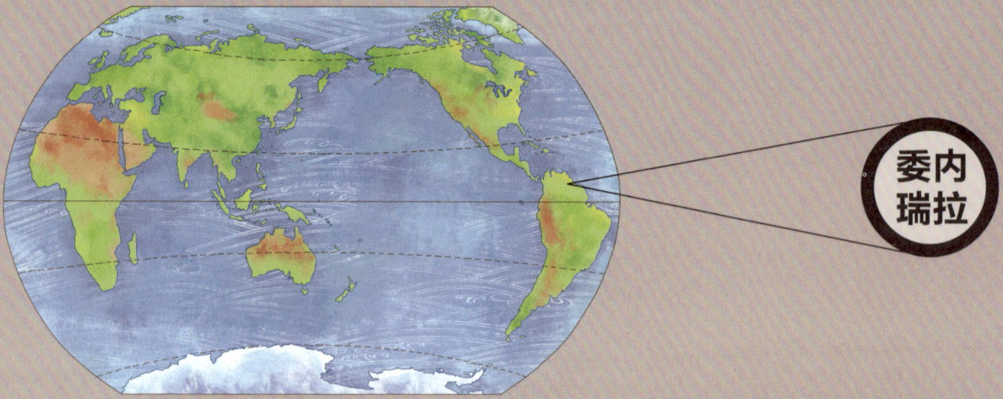

委内瑞拉

“我的照片墙”

马拉开波湖

马拉开波湖位于委内瑞拉西北部沿海马拉开波低地的中心，南北长约 190 千米，东西宽约 115 千米，湖岸线长约 1 000 千米，面积约 1.34 万平方千米，是南美洲最大的湖泊。马拉开波湖石油资源丰富，有“石油湖”之称。

火腿果仁面包

火腿果仁面包是委内瑞拉的圣诞食品。做这种面包时，要往面粉里加无盐黄油、牛奶和鸡蛋等配料，将火腿切成片，与油橄榄、葡萄干、核桃仁、杏仁等一起卷在面包里，放进温度为 230° 的烤箱里。烤好后的面包呈金黄色，一般切成段食用。

安赫尔瀑布

安赫尔瀑布位于委内瑞拉东南部卡罗尼河的支流丘伦河上，是世界上落差最大的瀑布。丘伦河水从平顶高原奥扬特普伊山直泻而下，宽 150 米，落差达 979.6 米。

梅里达热带雪山

梅里达热带雪山位于委内瑞拉马拉开波湖南边，五座高峰终年被白雪覆盖，白色的雪冠就像落在山尖的白色雄鹰，人们把这五座山峰称作五只鹰。其中，玉柱峰高 5 000 米，是全国最高点。

奇怪的新年习俗

新年时，委内瑞拉人热衷于购买黄色内衣，希望来年能够“招财进宝”；老人在新年钟声敲响后碰杯祝酒，并让一枚金戒指掉进酒杯中，他们相信这样做就会在来年发大财。很多人还喜欢将大面额纸币放在钱包或是右脚穿的鞋子里，表示自己掌握了财富。

选美之国

委内瑞拉是环球小姐、世界小姐的最大制造国。目前，委内瑞拉拥有 7 位环球小姐冠军和 7 位世界小姐冠军。每年的九月初，一年一度的选美活动是这个国家非常重大的事情。

“我的问题墙”

委内瑞拉的“闪电马拉松”是怎么形成的？

在委内瑞拉湾的卡塔通博河口，经常出现“闪电马拉松”现象。这里一年间有 140 ～ 160 个晚上都会出现闪电，每晚持续 10 个小时，每小时出现 280 次。据说，其原因是从安第斯山脉过来的云相互冲撞产生了暴风雨，湿地中有机物质分解产生的沼气上升到云层上，不断传输给暴风雨，最终产生放电现象。

委内瑞拉为什么被称为“瀑布之乡”？

委内瑞拉境内地貌多样，河流众多，水量丰富。其中，奥里诺科河是全国最长的河流，其支流卡罗尼河由南向北奔流而下，沿途穿山过岭，跌宕起伏，形成无数大大小小的瀑布，蔚为壮观。因此，委内瑞拉便有了“瀑布之乡”的美誉。

委内瑞拉为什么被称为“南美洲的石油国”？

委内瑞拉是世界重要的石油生产与出口国之一，也是石油输出国组织的四个创始国之一。其常规石油可开采储量为 776.8 亿桶，位居西半球第一，在世界排名第五，剩余可开采储量 105 亿吨，若加上重油的储量，则相当于整个中东石油储量的一半。

和大海相连的马拉开波湖为什么是淡水湖？

湖水的盐度主要受到盐类物质和淡水补给与流失的影响。马拉开波湖仅通过一条狭窄的水道同加勒比海连接，海水很难进入湖区内。同时，马拉开波湖周围地区高温多雨，年降水量 1 500 毫米以上，入湖淡水量充裕。因此，马拉开波湖虽然与大海相连，却是一个淡水湖。

Peru

出发，秘鲁

秘鲁

我的名片

中文名称：秘鲁共和国

首都：利马

国土面积：128.5216 万平方千米

著名景点：皇家费利佩城堡、帕恰卡马克遗址等

主要人口组成：印第安人、印欧混血种人等

人口：3 205 万（2017 年）

官方语言：西班牙语

国旗：

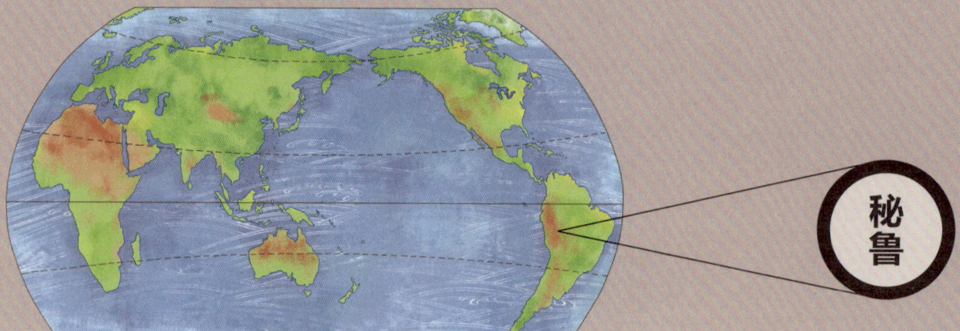

秘鲁
金鸡纳树
骆马
帕恰卡马克遗址
利马
向日葵
印第安人
N
W
E
S

“我的照片墙”

帕恰卡马克遗址

帕恰卡马克遗址位于利马以南 20 余千米处的鲁林谷地，在秘鲁古文明史上占有重要地位。它原为前印加时期土著人的土地神庙，后被印加王国征服，成为秘鲁中部海岸最著名的神庙，以庄严、肃穆、雄伟而著称。

金鸡纳树

金鸡纳树是秘鲁的国树，属常绿灌木或小乔木。当中有些是小型灌木，有些是大型乔木，高度为 5 ~ 15 米，远望金鸡纳林，红一层绿一层，互相交叠，红的是嫩叶，绿的是老叶。金鸡纳树夏季开白色小花，种子很小。金鸡纳树的树皮可以提取奎宁，治疗疟疾。

向日葵

秘鲁的国花是向日葵。相传在远古时代，秘鲁的印第安人得到太阳神赐的犁和种子。他们用犁开垦土地，播下种子，地里长出了可供食用的五谷，秘鲁人民因此对太阳怀有深厚的感情，并将永远朝向太阳的向日葵定为国花。

骆马

骆马是秘鲁的国兽，是从北美洲进入南美洲的骆驼科动物的后代，体型较小，无驼峰，分布于安第斯山区和南美洲南部的草原、半荒漠地区。骆马和著名的羊驼长得很像，但骆马的腿更细，体型更小。

喜欢黄色

秘鲁人把黄色当作幸运色，不仅他们的食物以黄色为主，如黄土豆、黄南瓜、黄柿子椒等，就连最爱喝的饮料“印加可乐”也是黄色的。每逢新年，秘鲁市场上就成了黄颜色商品的天下，其中最有代表性的就是黄裤衩。

印第安人

印第安人是秘鲁的原始居民，主要从事农耕业。他们在山顶种植耐寒的土豆和藜麦，在山腰种植豆子和玉米，在山脚下种植水果和胡椒。目前，秘鲁人中的印第安人大约占 46%。

“我的问题墙”

为什么说秘鲁人和中国人是老乡？

19 世纪中叶，拉丁美洲废除奴隶制后，劳动力奇缺，包括太平天国起义失败后的俘虏在内的 10 万名中国人以“契约劳工”的身份先后去往秘鲁，为秘鲁的发展做出了卓越贡献。从血缘关系上讲，目前秘鲁有 150 万～250 万人有华人血统，约占人口总数的 10%。

利马冬季为什么多雾？

在水气充足、微风及大气层稳定的情况下，如果近地面的空气遇冷，空气中的水汽便会凝结成细微的水滴悬浮于空中，这就是雾。利马沿海有水汽来源，加之秘鲁寒流经过可以降温，水汽易凝结成雾。冬季气温偏低，地面热量散失，温度下降，沿海空气潮湿，当水汽冷却到一定程度时，就会形成雾。

利马为什么会成为“无雨之城”？

利马位于太平洋沿岸，常年盛行离岸的干燥的东南信风；同时，沿海有一股强大的秘鲁寒流，对沿岸地区起到了降温减湿的作用；还有一个原因，那就是东部的安第斯山脉阻挡了来自大西洋的水汽。因此，利马降水量极少，被称为“无雨之城”。

秘鲁渔场是怎么形成的？

秘鲁沿岸有强大的秘鲁寒流经过，在常年盛行南风和东南风的吹拂下，表层海水偏离海岸，下层冷水上泛。这不仅使水温显著下降，同时带来大量的硝酸盐、磷酸盐等营养物质，利于沿海的浮游生物的大量繁殖，为鱼类提供了大量饵料，于是形成了秘鲁渔场。

Chile
出发，智利

智利

我的名片

中文名称：智利共和国

首都：圣地亚哥

国土面积：75.6715 万平方千米

著名景点：复活节岛、阿塔卡马沙漠等

主要人口组成：白人、印欧混血种人、印第安人

人口：1 757 万

官方语言：西班牙语

国旗：

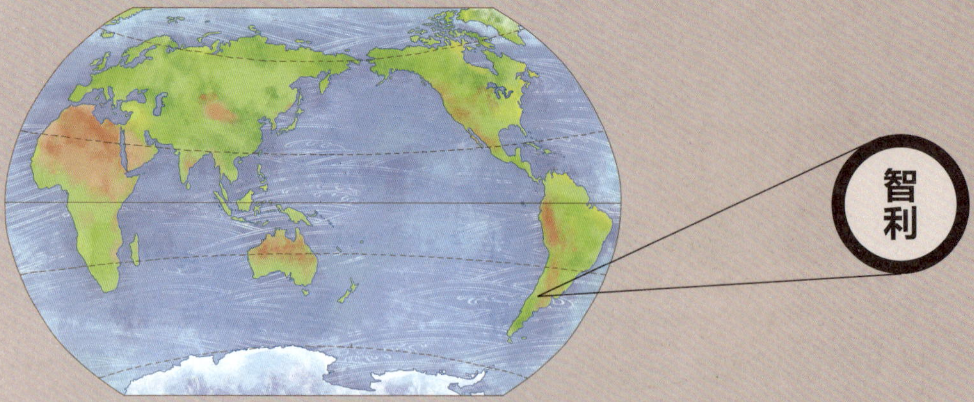

智利
铜矿
阿劳乌卡利亚松
阿塔卡马沙漠
圣地亚哥
康多兀鹫
硝石
N
W
E
S

“我的照片墙”

阿塔卡马沙漠

阿塔卡马沙漠位于南美洲西海岸中部，在安第斯山脉和南太平洋岸之间南北绵延约1 000千米，总面积约为18.13万平方千米，主体位于智利北部境内，是世界上最干燥的地区之一，被称为世界的“干极”。

阿劳乌卡利亚松

阿劳乌卡利亚松是世界稀有树种，被称为“黑色金字塔”，是智利的国树。阿劳乌卡利亚松是常绿乔木，有树脂，树形端正，树干通直，树皮略呈灰色，裂成薄片状，树冠呈塔形。

康多兀鹫

康多兀鹫是智利的国鸟，又称安第斯神鹰，是世界上最大的飞禽，性情凶猛，多呈深灰色，飞得高而快，寿命长。它常年栖息在海拔数千米的安第斯山脉，属食肉鹰鹫猛禽类。

复活节岛

复活节岛位于南太平洋波利尼西亚群岛的东部，是由荷兰航海家在1722年4月5日复活节发现的。小岛四周耸立着近千尊用整块火山岩雕成的巨大半身毛阿依斯人像。

鲁滨孙 · 克鲁索岛

鲁滨孙 · 克鲁索岛是智利太平洋上胡安－费尔南德斯群岛中的小岛，原名马斯地岛。1704年至1709年2月，漂流到岛上的苏格兰水手塞尔柯克在岛上独自生活了4年零4个月。后来，英国作家丹尼尔 · 笛福根据塞尔柯克的口述，写出了《鲁滨孙漂流记》。

硝石

硝石主要是腐烂有机质氧化时与土壤中钠质化合而成的。在炎热干旱地区的土壤中，常与石膏、芒硝、石盐等一起出现。智利北部是世界上出产硝石最多的地区。

“我的问题墙”

智利的国土为什么如此狭长？

今天智利中部的圣地亚哥地区，原是归秘鲁总督府管辖的，后来智利建国独立。独立后的智利为了争夺硝石、鸟粪等资源，不断向北开拓扩张，迫使玻利维亚和秘鲁割让土地。由于东部被安第斯山脉阻挡，智利无法东扩，只好沿海南下，蚕食了许多地方，最终使国土成了狭长的带状。

智利为什么多发地震？

全世界平均每年记录到的 9 000 次地震中，有 21% 发生在智利。因为智利处在南极洲板块与美洲板块的交界处，这里地壳活跃，所以经常发生地震。智利同时也属于环太平洋地震带，这是地球上最主要的地震带，它像一个巨大的环，环绕太平洋一周，地球上约有 80% 的地震都发生在环太平洋地震带。

为什么智利地震伤亡小？

2015 年，智利发生 8.2 级强震，但造成的人员伤亡和房屋倒塌却很少，原因是智利的建筑质量标准极高，建筑验收极严。智利拥有覆盖全国的地震监测网络，信息会及时通报至全国。同时，智利的国民拥有很高的防灾意识，懂得如何自发疏散。

智利的葡萄酒为什么质量好？

智利西面的太平洋、东面的安第斯山脉、北面的沙漠和南面的南极冰川形成了天然屏障，让智利的葡萄园远离病虫害。此外，智利属于地中海气候，夏季炎热少雨，太阳照射时间长，昼夜温差大，对葡萄的生长和品质十分有利。

Paraguay

出发，巴拉圭

巴拉圭

我的名片

中文名称：巴拉圭共和国

首都：亚松森

国土面积：40.68 万平方千米

著名景点：亚松森圣母要塞等

主要人口组成：印欧混血种人、印第安人、白人

人口：681 万（2017 年）

官方语言：西班牙语、瓜拉尼语

国旗：

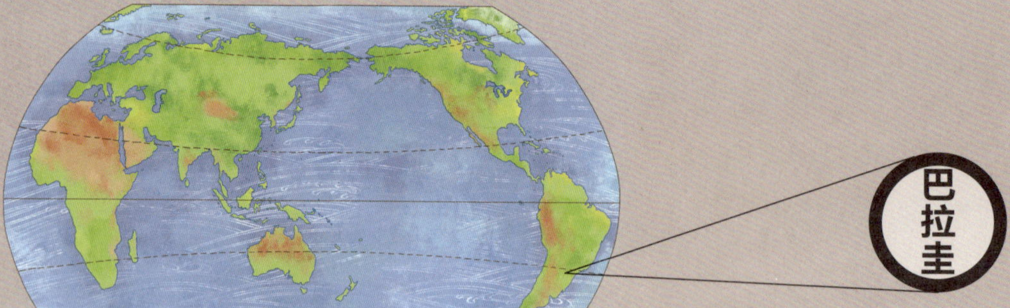

巴拉圭

“我的照片墙”

独立之家博物馆

独立之家博物馆位于巴拉圭的亚松森，展现的是独立时期的国家历史。独立时期许多爱国人士的重要文件都保存在博物馆里。博物馆的墙是灰质黏土，屋顶由茅草制作，框架是由竹子、棕榈建造而成。

特立尼达耶稣会传教区

特立尼达耶稣会传教区是由耶稣传道会的会员于17世纪创建的。这些教堂从坚硬的岩石中开凿而成。它们的外观造型惊人，内部装修独特。其中四个是在整块石头上开凿的，其余的要么用半块石头凿成，要么开凿在地下，用雕刻在岩石上的立面向信徒标示其位置。

让奴地

在巴拉圭，绣有美丽图案的网状织品被人们称为“让奴地”。巴拉圭人家的布艺用品都是由丝线编织而成的，美观大方又独具特色。姑娘们衣裙上的花边也都搭配着“让奴地”。“让奴地”已成为巴拉圭的艺术品，编织“让奴地”的姑娘到处可见。

钓鱼爱好者的乐园

巴拉圭是钓鱼爱好者的乐园。巴拉圭河为南美洲第五大河，发源于巴西马托格罗索地区。巴拉圭河长2 550千米，流域面积110万平方千米，河面开阔而平静，水流很缓，河中的鱼类有麻哈脂鲤、锯脂鲤和帕丘鱼等。

橘城

亚松森是巴拉圭共和国首都，也是全国最大的城市，它位于巴拉圭的东岸，皮科马约河和巴拉圭河汇合处。亚松森橘园遍布，收获季节到来时，橙红的橘子挂满了桔树，宛如许多明亮的小灯泡，因而许多人又把亚松森称为“橘城”。

成人礼

在巴拉圭的印第安人中，男孩到14岁时，部落酋长会刺破男孩的下唇，其余的男人向“图帕”神祈祷。连续3天，他只能够吃玉米粥。女孩在年满13岁时，人们会把她关在屋内，用一屏障隔开。接连3周，她只能吃少量的食物，不能讲话，不能笑，眼睛看着地面。

“我的问题墙”

巴拉圭为什么实行一夫多妻制度?

1864年11月，巴拉圭对巴西宣战。1865年，巴西、阿根廷、乌拉圭结成三国同盟以对付巴拉圭。到1870年，巴拉圭战败，惨烈的战争让巴拉圭的总人口从53万降到22万，成年男子也只剩下2万多，女性在此后成为国家建设的主力，于是政府不得不采取一夫多妻制度以增加出生率，并延续至今。

巴拉圭为什么有冷食节?

巴拉圭人民把元旦前5天定为“冷食节”，这期间所有人都只能吃冷食，不许动烟火。原来，400多年前，巴拉圭人民在一次反抗西班牙殖民者的战争中，在离新年还有5天时，正好弹尽粮绝。后来援军赶来击败了敌人。元旦时，革命军宰杀猪羊以示欢庆胜利。为了纪念这次战争，巴拉圭就把元旦前5天定为了冷食节。

巴拉圭式斗牛是怎样的?

巴拉圭人有斗牛和观赏斗牛的风俗，并一直流传至今。巴拉圭式斗牛注重娱乐性，参加者有两名职业斗牛士和几名助手，还有几名装扮奇特的小丑助兴。在斗牛前，还要将牛角切下，并在牛身上贴上牌子。参加者在围着牛载歌载舞后，斗牛仪式才正式开始。

巴拉圭人是怎样喝马黛茶的?

巴拉圭人嗜饮马黛茶，在大街上，随处可见人们用一根吸管边走边吸茶的情景。巴拉圭人在接待朋友时，也会沏一壶浓香的马黛茶，然后大家围坐在厅堂里用同一根吸管吸茶。在他们看来，在座的人轮着吸茶，才意味着双方都把彼此看作朋友。

出版策划：张焱宏
美术编辑：周邦雄
装帧设计：木　木
　　　　　桃　子
特邀审校：段桂华
　　　　　杨　凡

第5卷
大洋洲
南北极

地图里的世界

带着问题去旅行

斯塔熊文化　编绘

山东友谊出版社

图书在版编目（CIP）数据

地图里的世界：带着问题去旅行 / 斯塔熊文化编绘．
--济南：山东友谊出版社，2020.5

ISBN 978-7-5516-1959-2

Ⅰ.①地… Ⅱ.①斯… Ⅲ.①地理－世界－问题解答
Ⅳ.①K91-49

中国版本图书馆CIP数据核字（2019）第194101号

地图里的世界：
带着问题去旅行
DITU LI DE SHIJIE：DAI ZHE WENTI QU LVXING

制　　作　墨刚青简
责任编辑　肖　静
主管单位　山东出版传媒股份有限公司
出版发行　山东友谊出版社
地　　址　济南市英雄山路189号　　邮政编码　250002
电　　话　出版管理部（0531）82098756
　　　　　市场营销部（0531）82098035（传真）
印　　刷　鸿博睿特（天津）印刷科技有限公司
开　　本　720mm×1000mm　1/12
字　　数　200千字
印　　张　19.5
版　　次　2020年5月第1版
印　　次　2020年5月第1次印刷
审 图 号　GS（2019）3627号
定　　价　108.00元（全5册）

（如印装质量有问题，请与出版社出版管理部联系调换）

目录

Contents

Australia

出发，澳大利亚

澳大利亚

我的名片

中文名称：澳大利亚联邦

首都：堪培拉

国土面积：769.2 万平方千米

著名景点：大堡礁、悉尼歌剧院等

主要人口组成：英国移民后裔等

人口：2 499 万（2018 年）

官方语言：英语

国旗：

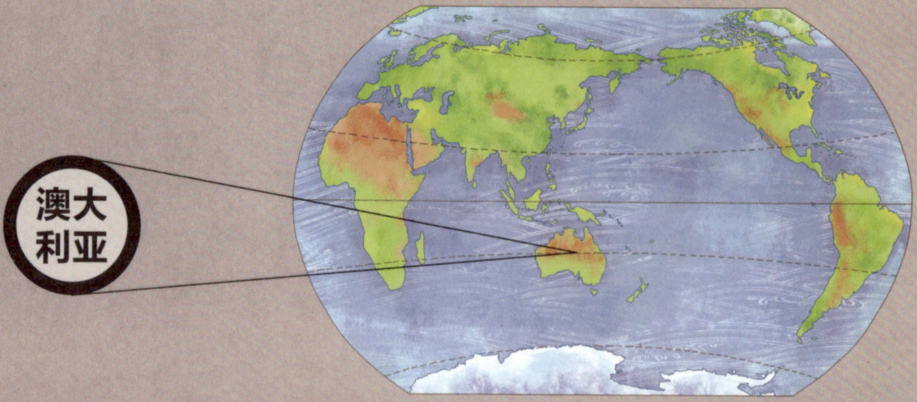

澳大利亚

“我的照片墙”

艾尔斯巨石

艾尔斯巨石位于澳大利亚大陆的正中央，孤零零地凸起在荒凉的荒漠之中，基围周长约 8.5 千米，距地面的高度为 348 米，长 3 000 米。对于这块世界上独一无二的巨大岩石，科学家们至今也没有破解出其确凿的来源。

悉尼歌剧院

悉尼歌剧院位于悉尼市区北部，是澳大利亚的地标建筑，也是 20 世纪最具特色的建筑之一，由丹麦建筑师约恩 · 伍重设计，外形犹如即将乘风出海的白色风帆，加上作为背景的悉尼港湾大桥，与周围景物相映成趣。

考拉

考拉是澳大利亚的国宝，也是澳大利亚奇特的珍贵原始树栖动物。它们从取食的桉树叶中获得所需的 90% 的水分，只在生病和干旱的时候喝水。它们每天有 18 个小时都处于睡眠状态，性情温顺，体态憨萌。

袋鼠

袋鼠是澳大利亚著名的哺乳动物。它们前肢短小，后肢特别发达，常常将前肢举起，后肢坐地，以跳代跑。它们一般身高有 2.6 米，体重约有 80 千克。袋鼠的形象通常被作为澳大利亚的标识，如绿色三角形袋鼠被用来代表澳大利亚制造。

鸸鹋

鸸鹋是澳大利亚的特产，是世界上第二大的鸟类，以擅长奔跑而著名，体型仅次于非洲鸵鸟，因此也被称作澳洲鸵鸟，是世界上最古老的鸟种之一。它们栖息在澳大利亚的森林和开阔地带，以树叶和野果为食。

飞去来器

飞去来器是澳大利亚土著居民传统的狩猎工具，当猎人用力将它掷出后，经过长距离飞行，可以准确地击中猎物。它的曲尺状外形巧妙地利用了空气动力学，如果没击中猎物，会自动飞回到猎人手中。

“我的问题墙”

为什么澳大利亚被称为“世界活化石博物馆”？

澳大利亚有许多古老而独特的生物，如袋鼠、考拉、鸭嘴兽等，还有植物 12 000 多种，其中特有种类 9 000 多种。全球有袋类动物共有 150 种，而澳大利亚就占了 140 多种。澳洲拥有如此多的珍稀动植物种类，并且其特有动植物都是生物进化史上较古老的物种，所以被誉为“世界活化石博物馆”。

为什么澳大利亚的野兔会泛滥成灾？

殖民者在澳大利亚拓荒的时代，他们把兔子、猫等动物带到了澳大利亚。由于澳大利亚草原广阔，又没有大型食肉动物，兔子便在那里疯狂繁衍起来。目前，在澳大利亚的野兔数量已超过 100 亿只，这个数量相当于澳大利亚人口的 400 倍，已成为当地令人头疼的生态灾难。

四面环海的澳大利亚为什么会有大面积的沙漠？

澳大利亚位于南半球低纬度地区，受东南信风和副热带高气压影响，气候比较干燥。东部的大分水岭又阻挡了东南信风的深入，所以大分水岭以东地区降水充沛，其余地区则降水较少。西部沿岸有寒流流过，起到降温减湿作用，使西部沿海更干旱，因此形成了广大的沙漠气候区。

为什么澳大利亚被称为“骑在羊背上的国家”？

澳大利亚草原辽阔，适于大面积发展畜牧业。在牧区，经常可以看到成群的羊群和牛群。“羊比人多”是澳大利亚草原的真实写照，羊的数量占全世界羊总数的 1/6，羊毛产量居世界第一位，所以人们形象地称澳大利亚是一个“骑在羊背上的国家”。

#【特别的我】

1 我是谁

我们**袋鼠家族**主要生活在澳大利亚大陆和巴布亚新几内亚的部分地区。我们家族有很多种类，分别生活在从**雨林到沙漠**的各种环境中。

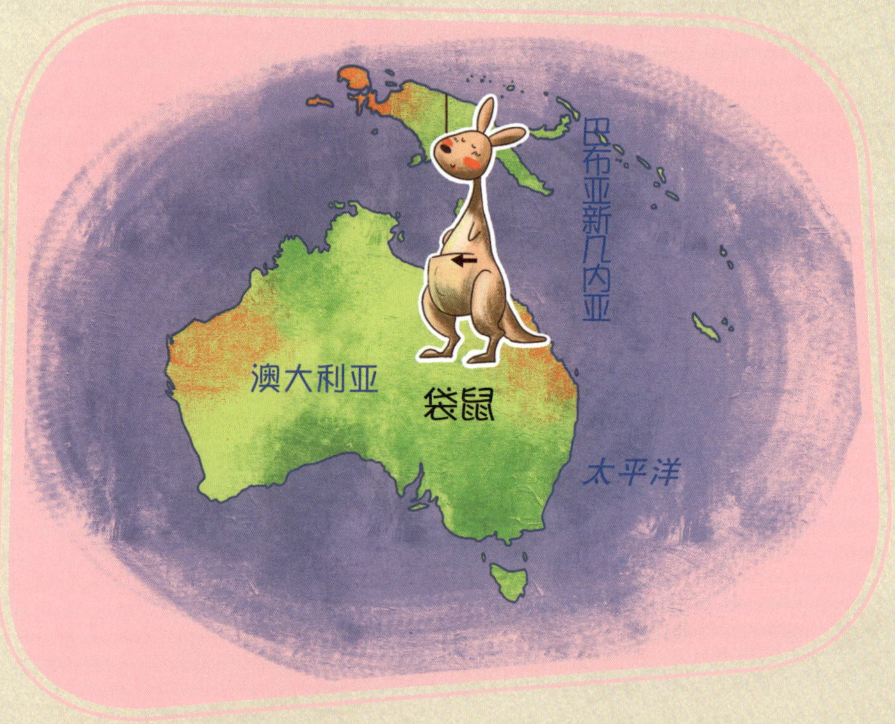

2 我的秘密

我们不能容忍外族成员进入家族，就连本家族的成员，如果长期外出后再回来，也是不受欢迎的。

③ 袋鼠身上为什么会长袋子

其实，只有雌性袋鼠的肚子上才有口袋，那是我们的**育儿袋**。因为我们体内没有胎盘，小袋鼠在母体内得不到足够的营养，全都成了“早产儿”。出生后，小袋鼠要赶紧爬进妈妈的育儿袋里面，因为那里有**乳腺**，可以**分泌乳汁**，继续为小袋鼠提供营养。小袋鼠要在妈妈的育儿袋里面**生活一年**后，才会离开呢！

小袋鼠只有爬进母亲的育儿袋里，在那里吮吸乳汁，才能渐渐长大。

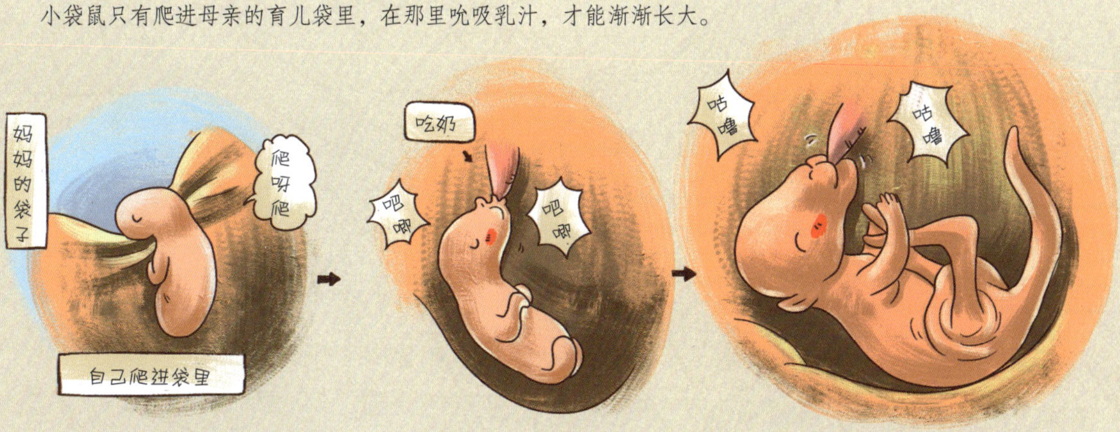

④ 我的指数：★★★

我们袋鼠家族最特别的地方，就是所有雌性袋鼠肚子上有一个**口袋**。有人不明白，还以为那是我们存放食物的地方呢。

New Zealand

出发，新西兰

新西兰

我的名片

中文名称：新西兰

首都：惠灵顿

国土面积：约 27 万平方千米

著名景点：皇后镇、基督城等

主要人口组成：欧洲移民后裔、毛利人等

人口：479.39 万（2017 年）

官方语言：英语、毛利语

国旗：

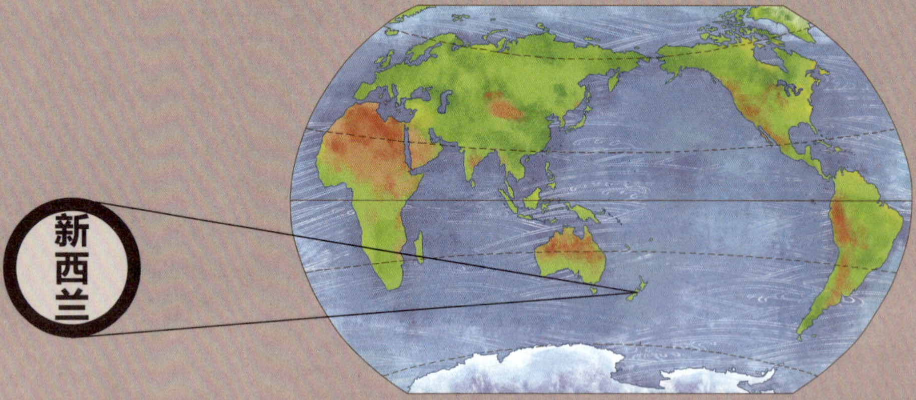

新西兰

“我的照片墙”

陶波湖

陶波湖位于新西兰北岛中部火山高原上，因火山爆发和地层塌陷而形成，湖面面积约616平方千米，是新西兰最大的湖泊。湖内有岛屿，还有100多个湖湾与浅滩，以盛产虹鳟鱼闻名。

毛利人

公元14世纪，毛利人从波利尼西亚来到新西兰，成为这里最早的居民。毛利人部族是一个建立在血亲关系和土地占有基础上的部族社会，有着严格的社会分工，他们的歌舞充满狂野好斗的味道。

几维鸟

几维鸟又名奇异鸟，是新西兰独有的珍禽，并被选为该国的“国鸟”。这种不会飞的鸟如母鸡般大小，有一个细长的喙和细如毛发的羽毛。它的力量惊人，生气时可以将同类踢出1.5米远。

啄羊鹦鹉

啄羊鹦鹉是新西兰境内特有的鸟种，生活于险峻寒冷的高山地区。由于它们大多在地面上活动，用双脚跳跃式前进，动作滑稽逗趣，因此又被称为“高山上的小丑”。它们平时居无定所，四处游牧觅食。

鸮鹦鹉

鸮鹦鹉是新西兰特有的鹦鹉物种，是唯一一种夜行性、在地面上爬行的鹦鹉科鸟类。它们原来分布于新西兰南部、司图尔特和其他岛屿，有柔软的绿色和棕色条纹羽翼。鸮鹦鹉翅膀虽然相当发达，但不善于飞翔。它们经常栖息在地穴里，夜间才出来活动。

极限探险运动

新西兰的极限运动与探险旅行非常有名。1988年，南岛的皇后镇便建立了全球第一座商业化的高空弹跳场。登山也是颇为流行的运动，最有名的登山家是艾德蒙·希拉里爵士，他是全球第一个成功登上珠穆朗玛峰峰顶的人。

“我的问题墙”

新西兰的哺乳动物为什么很少?

新西兰是一个孤悬于大洋中的岛国，很难和其他大陆之间进行物种的自然交流，而哺乳动物绝大多数又都不会飞，所以难以迁移到新西兰来。因此，新西兰就只有会飞的昆虫、鸟类和哺乳动物中的个例，如蝙蝠。

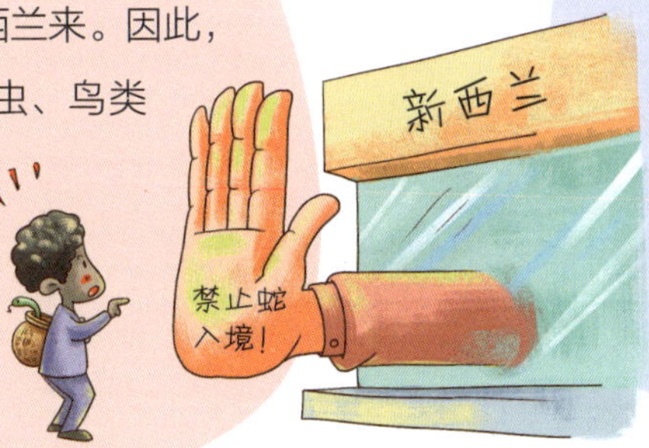

新西兰为什么没有蛇?

由于地壳运动和火山爆发而形成的岛国新西兰，地表除了火山灰就是火山岩。火山灰和火山岩里面含有很多硫黄，这是导致蛇无法生存的主要原因。另外，新西兰为岛国，90% 以上的物种都是从外国引进的。如今的新西兰之所以没有蛇，是因为法律禁止有蛇的存在，带蛇进入新西兰是要被判刑的。

新西兰人为什么将几维鸟作为国鸟?

几维鸟是新西兰唯一保存下来的无翼鸟，它的大小有如母鸡，有细长的喙和细如毛发的羽毛。几维鸟同食火鸡、鸸鹋等都是平胸鸟类的典型代表种，因此显得格外珍奇。在新西兰民间，人们把几维鸟视为吉祥的象征，所以新西兰人便把它尊为了国鸟。

新西兰人买鞋为什么要医生开处方?

新西兰人认为鞋对人的身体健康有非常重要的影响，穿得不科学或不正确，很可能会对身体造成伤害。所以，他们在去鞋店之前会先到医院，请医生对他们的脚进行全面的检查，并给出一张处方，写上有关买鞋的建议。然后，他们就可以拿上处方，放心地到鞋店挑选称心如意的鞋了。

Solomon Islands

出发，所罗门群岛

所罗门群岛

我的名片

中文名称：所罗门群岛

首都：霍尼亚拉

国土面积：陆地面积 2.84 万平方千米

著名景点：瓜达尔卡纳尔岛、新乔治亚岛等

主要人口组成：美拉尼西亚人等

人口：63.6 万（2017 年）

官方语言：英语

国旗：

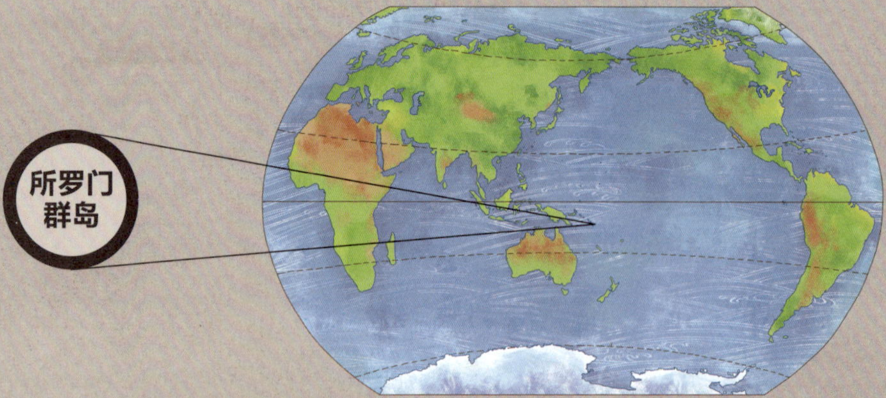

所罗门群岛

“我的照片墙”

瓜达尔卡纳尔岛

瓜达尔卡纳尔岛是所罗门群岛面积最大的和最重要的岛屿，长150千米，宽48千米，陆地面积约5 302平方千米。该岛为火山岛，地势崎岖，岛上大部分地区分布着茂密的森林。距首都32千米的萨沃火山现在仍然烟雾缭绕，为著名旅游景观。

幸运之岛

所罗门群岛境内多火山，但是与其他群岛相比，这里的火山活动不频繁也不剧烈，对当地居民的生产生活并不会产生严重影响，所以所罗门群岛又有“幸运之岛”之称。

香蕉树

所罗门群岛上种植着大片的香蕉林，在一些热带地区，人们还将香蕉作为主要粮食。香蕉树是大型多年生的草本果树，结出的香蕉营养价值很高，每100克香蕉含碳水化合物20克，蛋白质1.2克，脂肪0.6克。此外，还含多种微量元素和维生素。

鸟类中转站

所罗门群岛境内90%以上的陆地被森林覆盖，鸟类品种繁多，是北美阿拉斯加、北亚西伯利亚鸟类向南飞往澳大利亚、新西兰停留休息的优良场所，有“鸟类中转站”之称。

橡胶树

橡胶在所罗门群岛被广泛种植。只要小心地切开树皮，乳白色的胶汁就会缓缓流出。天然橡胶因为具有很强的弹性、抗拉和耐磨等特点，被广泛运用于工业交通、医药卫生和日常生活等方面，用途极广。

油棕

所罗门群岛主要生产和出口油棕。油棕是热带木本油料作物，其果肉、果仁含油丰富，在各种油料作物中，有“世界油王”之称。用棕仁榨的油叫棕油，除可直接食用和制造人造奶油外，还用于制造高级肥皂、香皂和各种化妆品。

“我的问题墙”

所罗门群岛最奇特的货币是什么？

在所罗门群岛的雅浦岛，有一种世界上体积最大，同时也是最怪异的货币——莱石。莱石是一个个中央带洞的石灰石盘，直径约 3.65 米，重量则达 8 吨。它们可能是世界上绝无仅有的、无法放进口袋里的货币。一旦运至指定位置，这些石头便不再被移动，但岛上的每一个人都知道它们的主人是谁。

所罗门群岛是怎么得名的？

该国以所罗门王命名，据说是因为当年西班牙航海家到达这里时，发现这里的土著居民身上竟然都戴着黄金饰物，以为找到了《圣经》里所说的所罗门的黄金宝藏，所罗门群岛因此而得名。

所罗门群岛的树真的会被骂倒吗？

据说所罗门群岛的一些村民会使用一种独特的伐木方法。如果一棵树太大了，无法用斧子砍伐，他们就爬上大树，放开喉咙大声叫喊、大声咒骂。连续这样做 30 天后，大树就会自动枯死，然后倒地。人们说这是因为大树被扼杀了生存的意志，但更多人相信这只是一个传说。

为什么在所罗门群岛冲浪时得穿长筒袜？

在所罗门群岛沿岸生活着一种海苍蝇，它是地球上毒性最强的昆虫之一。一只海苍蝇身上的毒素至少能毒死 60 个人。虽然这些海苍蝇不会主动袭击人，不过为了以防万一，在所罗门群岛附近冲浪的人们，还是会穿上厚厚的长筒袜，以免被海苍蝇叮咬。

Nauru

出发，瑙鲁

瑙鲁

我的名片

中文名称：瑙鲁共和国

首都：无

国土面积：陆地面积 21.1 平方千米

著名景点：安尼巴惹湾等

主要人口组成：瑙鲁人、菲律宾人、华人等

人口：约 1.36 万（2017 年）

官方语言：英语

国旗：

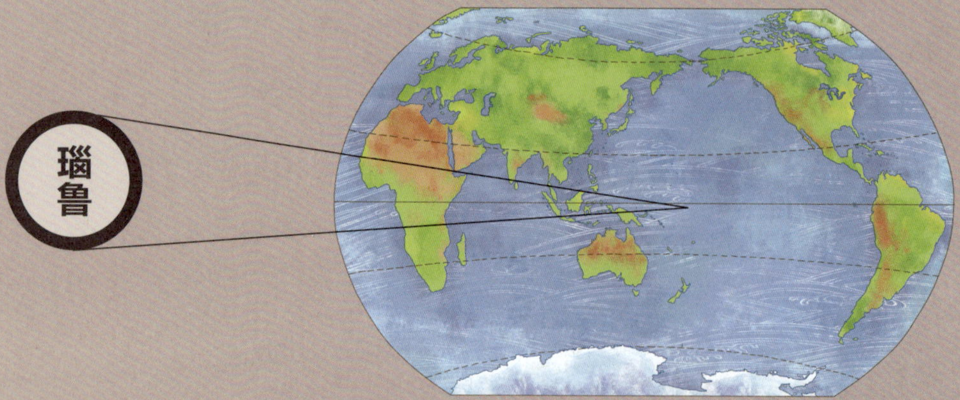

瑙鲁

“我的照片墙”

安尼巴惹湾

安尼巴惹湾位于瑙鲁岛东部的安尼巴惹区，拥有瑙鲁最好的沙滩。海湾边椰林摇曳，礁石奇异，海水清澈。在这里，无论黄昏、清晨和夜晚，都是欣赏美景最好的时间。与此同时还可以饱览瑙鲁的全景。

海参

海参是瑙鲁的特产之一。海参以海底藻类和浮游生物为食，距今已有六亿多年的历史。海参全身长满肉刺，同人参、燕窝齐名，是世界八大珍品之一。

土著人

在瑙鲁生活的土著人，他们的皮肤呈浅褐色或略带黄色，一般为黑色直发。他们的鼻梁较高，鼻翼略宽，颌部微突。他们穿着很简单，有的围着动物皮或者草编成的衣物，有的仅在身上涂饰各种颜色。

瑙鲁传统活动

瑙鲁的传统活动是捕捉从海上觅食回来的玄燕鸥。日落时分，男士在海滩上向玄燕鸥投掷套索。瑙鲁的套索是柔绳，在绳的尾部负载。当鸟飞过来时，便投掷套索。被击中的鸟落地后，经过处理就会成为美食。

瑙鲁人特征

瑙鲁人具有波利尼西亚人的特征，体格健壮，头发浓黑，皮肤为棕色。男子身高平均在 1.7 米以上，女子稍矮一些。他们热情好客，擅长捕捉和训练“导航鸟”。

椰树

瑙鲁多种植椰树。椰树高 15 ～ 30 米，树干笔直，无枝无蔓，巨大的羽毛状叶片从树梢伸出来，撑起一片伞形的绿冠，椰叶下面结着一串串圆圆的椰果。椰果内有椰汁可以饮用，果肉可以食用也可以榨油，营养丰富。

“我的问题墙”

为什么说瑙鲁人都生活在鸟粪上？

千万年来，有数不清的海鸟来到瑙鲁岛上栖息，在岛上留下了大量的鸟粪。经年累月，鸟粪成为一层厚达几十米的优质肥料，人们称之为磷酸盐矿。瑙鲁80%的土地富含这种矿藏，因此，大家都说瑙鲁人是生活在鸟粪上的。

富裕的瑙鲁人为何寿命短？

瑙鲁人靠着磷酸盐矿成了“富翁”，没有生存压力，国内福利也好，教育、医疗、住房均免费，他们就把兴趣转移到吃上。最后的结果就是这里大部分国民都成了大胖子，高血压、心脏病、脑中风的发病率居世界前列，糖尿病患病率更是位列世界第一，国民平均寿命只有55岁。

瑙鲁为什么没有首都？

瑙鲁的陆地面积只有21.1平方千米，面积实在是太小了，而且瑙鲁的人口也少，所以没有必要设立首都。因此，瑙鲁只在亚伦设置了一个行政管理中心，政府就在那里办公。

瑙鲁为什么要在澳大利亚修建瑙鲁大厦？

瑙鲁的磷酸盐矿数量有限，如果挖完了，瑙鲁人应该怎么办呢？瑙鲁政府早就想到了这个问题，他们把出口收入的35%用于国外投资，购置产业，并在澳大利亚的墨尔本建了一座52层的瑙鲁大厦，准备将来全国居民都搬进这座大楼居住。

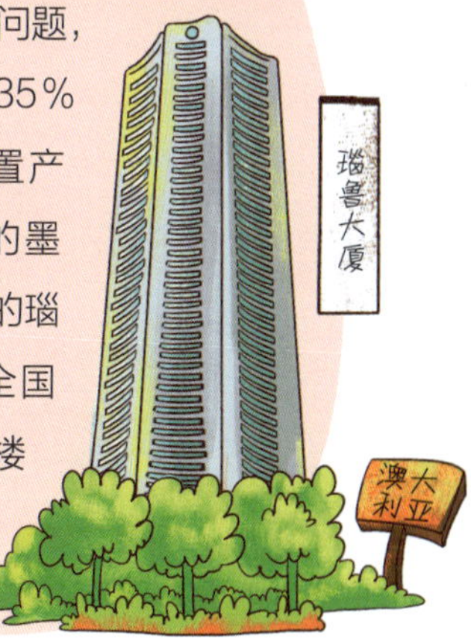

Fiji
出发，斐济

斐济

我的名片

中文名称：斐济共和国

首都：苏瓦

国土面积：陆地面积 1.8333 万平方千米

著名景点：斐济博物馆、斐济第一村等

主要人口组成：斐济族、印度族

人口：90.55 万（2017 年）

官方语言：英语、斐济语、印地语

国旗：

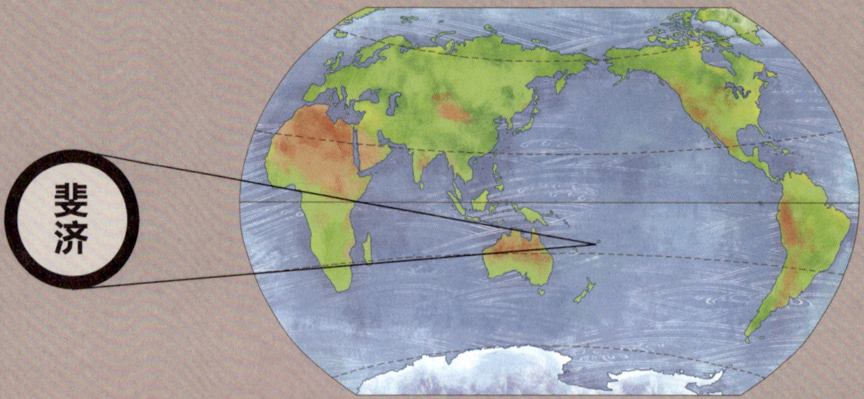

斐济

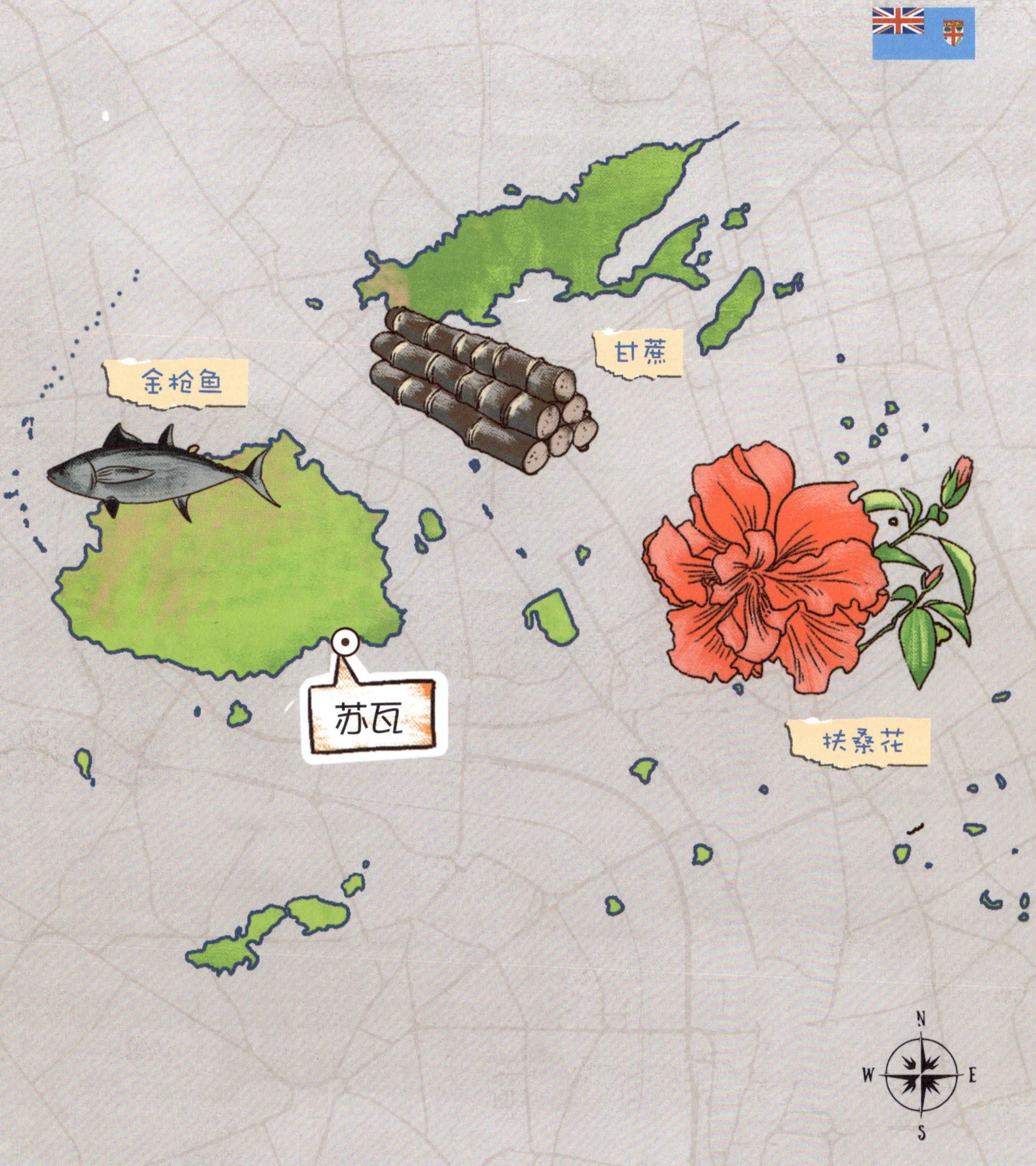

“我的照片墙”

彩色大海

斐济拥有 300 多个大小不一的岛屿，这些岛屿被环状的珊瑚礁包围，成了鱼儿的天堂。无数奇形怪状、色彩斑斓的海鱼在水里畅游，将大海搅得五彩缤纷。

金枪鱼

斐济地处南太平洋，其北部和南部水域是优良的金枪鱼渔场，渔业资源十分丰富。这里盛产的金枪鱼有着无与伦比的顺滑口感。

甘蔗

斐济土地肥沃，阳光充足，盛产甘蔗，因此斐济又有“甜岛”之称。甘蔗是制造蔗糖的原料，因此蔗糖产业在斐济经济中具有举足轻重的地位。

卡瓦酒

斐济人把卡瓦酒定为国饮，饮用卡瓦酒是有一定仪式的。他们将酒盛在椰子壳中，客人要以双手击掌三下，接过椰子壳，一饮而尽，然后将空壳还给主人，再击掌三下以示仪式完成。这种仪式在斐济部落中是最高礼节的象征。

以胖为美

在斐济，为祈祷成功与幸运，人们有互相赠送食物的习惯。而且，斐济人认为腰围粗是健康、财富和多产的象征。所以，斐济人便以胖为美了。

扶桑花

扶桑花又称木槿花，是斐济的国花。每年的 8 月中旬，斐济都会举行为期一周的红花节，红花指的就是扶桑花。在节日期间，岛民会化装游行，还会评选红花皇后。

“我的问题墙”

斐济为什么被称为“无癌之国”？

癌症患者在全球范围内日益增多，但斐济人很注重健身防病，居民很少生病，癌症患者更少。据世界卫生组织统计，在1971～2010年这40年的时间里，斐济全国未发现一例癌症患者，这种情况在全世界是绝无仅有的。因此，斐济被人们称为“无癌之国”。

为什么不能摸斐济人的头？

在斐济村庄里，千万不要摸斐济人的头，因为此举被认为是最大的羞辱。1867年，一名英国传教士因为从一位当地酋长的头上拿下一把梳子，而被愤怒的土著人活活砍杀并煮食了。现在斐济人虽然已经完全跨入现代文明，但依然不许别人摸他们的头。

斐济人为什么都喜欢戴花？

在斐济，到处都是戴着鲜花的人们，不管男女都会戴，这就像他们常见的饰品一样。而且戴花还有一个功能——区分是否结婚：如果花戴在头部左边，表示未婚，戴在右边就表示已婚，这样就不会追求错人了。

斐济男人为什么爱穿裙子？

斐济男人穿裙子，最初是因为实用。自古以来斐济人就以打猎捕鱼为生，他们在劳动的过程中，由于天热，就把蓑草编的裙子围在身上，这样能够防止蚊虫的叮咬，也非常透气。随着时代进步，斐济人的裙子也变得越来越漂亮。所以到了现代社会，男人们依旧保持了这个习惯。

Papua New Guinea

出发，巴布亚新几内亚

巴布亚新几内亚

我的名片

中文名称： 巴布亚新几内亚独立国

首都： 莫尔斯比港

国土面积： 46.28 万平方千米

著名景点： 库科早期农业遗址、莫尔斯比港等

主要人口组成： 美拉尼西亚人、密克罗尼西亚人、波利尼西亚人等

人口： 约 825 万（2017 年）

官方语言： 英语

国旗： 

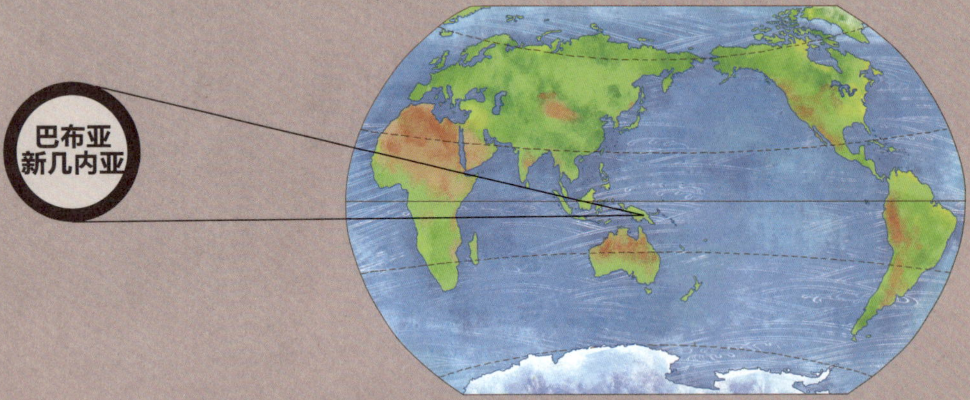

巴布亚新几内亚

“我的照片墙”

崇拜猪

巴布亚新几内亚人崇拜猪。有的部族人把用木炭和猪油制作的墨抹在脸上，表现自己具有不辱祖先的勇武。有的部族酋长在自己的鼻子上挖一个洞，把野猪的爪尖嵌进去，既可以作为权威的象征，又表示对猪的崇敬。

极乐鸟

极乐鸟是巴布亚新几内亚的国鸟，其羽毛鲜艳无比，体态华丽绝美，是世界上著名的观赏鸟。当地人认为极乐鸟是来自天堂的神鸟，于是又将它称为“天堂鸟”“太阳鸟”“女神鸟”。

石油与天然气

巴布亚新几内亚的石油和天然气主要分布在巴布亚盆地的陆上地区，南部高地省最为集中，其次是东部高地省和海湾省。此外，巴布亚湾也有较大的油气资源潜力。

龙虾

巴布亚新几内亚三面临海，连同各主要岛屿在内，海岸线总长度为 8 300 千米，因此渔业资源非常丰富，是南太平洋地区第三大渔区，盛产金枪鱼、对虾和龙虾。

原木

巴布亚新几内亚为赤道多雨气候区，气候炎热，降雨量大，森林资源丰富，以热带雨林为主。其木材质地优良，是世界热带木材第二大出口国。因此，巴布亚新几内亚的林业是国民经济中的重要支柱产业。

椰油

巴布亚新几内亚是南太平洋最大的椰子生产国。从椰肉中提炼出的椰油，是当地人民经常食用的油脂。椰油富含多种维生素及矿物质，有祛毒、润颜的功效，因此可以用来涂抹皮肤。

“我的问题墙”

巴布亚新几内亚为何又叫“鳄鱼之国”？

新几内亚岛气候湿润，南部的巴布亚平原地势低平，有大片沼泽地，很适宜鳄鱼的生长。巴布亚新几内亚独立后，便尽力保护鳄鱼这一宝贵自然资源，同时又大力发展鳄鱼的饲养业。如今，鳄鱼的养殖、捕捞已成为巴布亚新几内亚的重要经济支柱。因此，人们称其为“鳄鱼之国”。

巴布亚新几内亚的年轻人为什么很多没有睫毛？

如果你来到巴布亚新几内亚，就会发现这里的男女青年大多都没有眼睫毛。因为他们有一种既独特而又古怪的示爱习俗。一对热恋的情侣，按他们的传统习俗，只有把对方的眼睫毛咬掉，才能显示出自己的真心，并表达对对方的挚爱之心。

巴布亚新几内亚为什么禁止极乐鸟出境？

极乐鸟生活在崇山峻岭中，它美丽的羽毛具有很大的经济价值。在巴布亚新几内亚，人们参加重要的仪式和欢庆节日时，常用鲜艳的极乐鸟羽毛来装饰头发，有些人还把五光十色的羽毛作为衡量贫富的标志。由于极乐鸟的羽毛价格昂贵，有的人为了牟取暴利，便开始猎杀极乐鸟。为了保护这一珍稀鸟类，巴布亚新几内亚政府便禁止极乐鸟出境，并严禁人们猎取极乐鸟。

Antarctica

出发，南极洲

南极洲

我的名片

中文名称： 南极洲

总面积： 约 1 400 万平方千米

冰的总量： 2 867.2 万立方千米

最高峰： 文森山

平均海拔： 2 350 米

代表动物： 企鹅

中国建立的考察站： 长城站、中山站、昆仑站、泰山站

我的地位： 世界上平均海拔最高的洲，世界上风力最大的大陆，世界上最寒冷、风暴最多的大陆

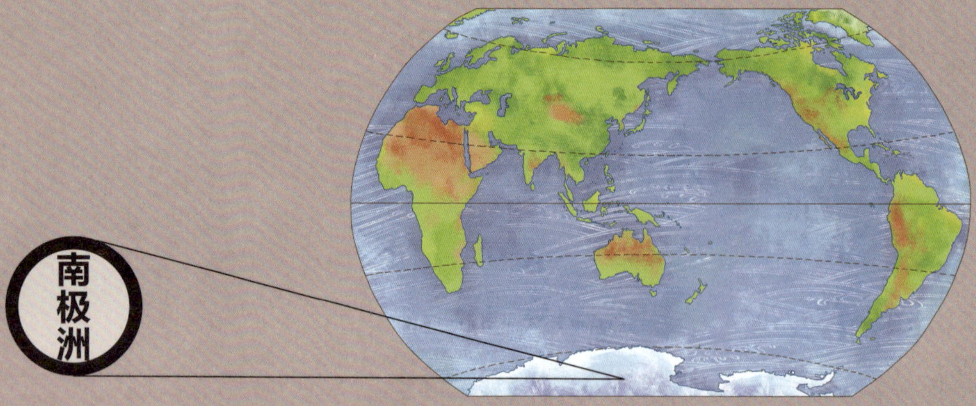

南极洲

“我的照片墙”

南极考察站

1985 年 2 月，中国科考队在南极洲的乔治王岛建立了长城站，并在水文、气象和生物学方面对南极洲及其附近的海域进行了科学考察。此后，中国又相继在南极建立了中山站、昆仑站和泰山站。

磷虾

南极周围海洋中盛产磷虾，这是南极洲海域众多生物（例如鱼类、海鸟、海豹、企鹅、鲸等）的主要食物来源。据估计，磷虾年捕获量可达 10.5 亿吨，可满足人类对水产品的需求，被誉为“世界未来的食品库”。

海豹

在南极生活着大量海豹，这里的海豹虽然只有 6 种，但数量却有 3 200 万头，占世界海豹总数的 90%。海豹的身体呈纺锤形，四肢变为鳍状，适于游泳。海豹有一层很厚的皮下脂肪，可以保暖、提供食物储备，还可以产生浮力。

唐胡安池

唐胡安池是 1961 年在南极洲发现的一个咸水湖，它拥有全球最高的盐度，每升湖水含盐量可达 270 多克。即使位于冰天雪地的南极洲，它也从不结冰。

季节与昼夜

南极洲每年分为寒、暖两季，4 ～ 10 月是寒季，11 月～次年 3 月是暖季。在极点附近，寒季为极夜，这时在南极圈附近常出现光彩夺目的极光；暖季则为极昼。

企鹅

企鹅是南极洲的主要动物之一，被认为是南极洲的象征。企鹅能在零下 60℃的严寒中生活、繁殖。在陆地上，它走起路来一摇一摆。在水里，它那短小的翅膀就成了一双强有力的桨，游速可达每小时 25 ～ 30 千米。磷虾、乌贼、小鱼是它的食物来源。

“我的问题墙”

南极洲为什么没有国家?

19 世纪初，南极洲被人们发现。由于这里气候寒冷，没有定居者，也就没有建立国家。到 20 世纪初中期，许多国家提出了对南极洲的领土要求，各方协商未果。1959 年 12 月 1 日，美国、苏联等 13 国的代表在华盛顿签署了《南极条约》。根据《南极条约》，南极洲只用于和平目的，它不属于任何一个国家，而是属于全人类的。

南极洲为什么被称为“白色荒漠”?

南极洲被冰雪覆盖，淡水资源丰富，可是其年降水量却非常少。据统计，南极洲的年平均降水量仅为 55 毫米，比非洲的撒哈拉沙漠还要少，而极点附近更是几乎无降水，空气非常干燥。所以，人们就把这个被白色冰雪覆盖的大洲叫作“白色荒漠”了。

南极洲为什么被称为“风库”?

南极洲是世界上风力最大和风暴最多的地方，那里一年中大部分时间都在刮大风，其中 8 级以上的大风有 300 天左右，年平均风速达 17 米/秒。1972 年，澳大利亚的莫森站曾观测到最大风速为 82 米/秒。因此，南极洲因为其多风、风大，被人们形象地称为“风库”。

南极洲为什么有煤矿?

南极洲基本为冰雪覆盖，可是在其地层中却有大量的煤炭资源，这都是在早期地质年代形成的。在数亿年前，南极洲并不在现在的位置，而是处在温带地区，其陆地上生长了大量的森林。经过漫长的地质年代，这些森林被埋入地层中，便形成了煤炭资源。

Arctic
出发，北极地区

北极地区

我的名片

中文名称：北极地区（北极）

总面积：2 100 万平方千米

土著居民：因纽特人、拉普人

代表性动物：北极熊

拥有海洋：北冰洋

北冰洋面积：约 1 475 万平方千米

北冰洋地位：世界四大洋中最小、最浅

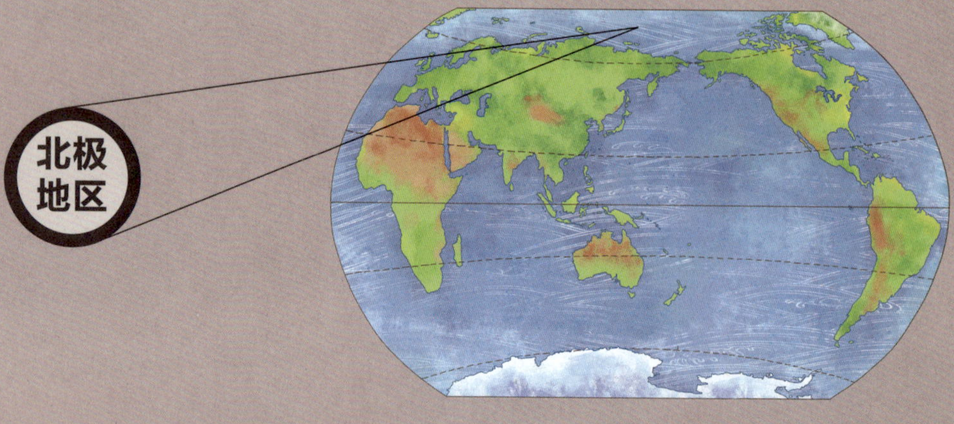

北极地区

“我的照片墙”

一角鲸

在北极，有一种形体较小、长相奇特的鲸叫一角鲸，体长仅 4 ～ 5 米，重约 900 ～ 1 600 千克。它的体形很奇特，头上长着一个长角。当地居民叫它独角鲸。其实，独角鲸的“角”不是角，而是大牙，因此也有人称它一齿鲸。

格陵兰岛

格陵兰岛是地球上最大的岛屿，84% 的面积被冰雪覆盖。冰盖面积达 180 万平方千米，其冰层平均厚度达到 2 300 米。格陵兰岛所含有的冰雪总量为 300 万立方千米，占全球淡水总量的 5.4%。如果格陵兰岛的冰雪全部消融，全球海平面将上升 7.5 米。

北极鳕鱼

北极鳕鱼是北冰洋的重要经济鱼类，分布在整个北极地区，是典型的冷水性鱼类。当温度超过 5℃时，就看不到它们的踪影了。冬季，北极鳕鱼的肝脏占体重的 10%，其中含有 50% 的脂肪，所以它成了海豹、鲸和食鱼的鸟类的摄食对象。

因纽特人

因纽特人生活在北极地区，分布在从西伯利亚、阿拉斯加到格陵兰的北极圈内外。他们居住在石屋、木屋或雪屋中，主要从事陆地或海上狩猎，也会捕鱼和驯鹿。他们用狗来拉雪橇，以猎物为主要生活来源。

北极驯鹿

雌鹿的体重可达 150 多千克，雄鹿为 90 千克左右。雄雌鹿都生有一对树枝状的犄角，宽达 1.8 米，每年都要更换一次，旧的刚刚脱落，新的就开始生长。驯鹿以苔藓、地衣等低等植物为食，由于食物缺乏，常常远距离迁徙。

北极熊

北极熊是最有代表性的北极动物。北极熊的视力和听力与人类相当，但它们的嗅觉极为灵敏，是犬类的 7 倍。由于全球气温的升高，北极的浮冰逐渐融化，北极熊昔日的家园已遭到破坏，需要我们的保护。

“我的问题墙”

因纽特人为什么要住在冰屋里？

由于北极地区有取之不尽的冰，所以因纽特人用冰作为建筑材料非常方便。而且，冰是热的不良导体，能很好地隔热，保存屋里的热量。因纽特人的冰屋结实而不透风，门口还挂着兽皮门帘，可以大大减少屋内外空气的对流。所以，住在冰屋里可以免受寒风的袭击。

北极熊为什么不怕冷？

北极熊不怕冷，是因为它有厚厚的脂肪层，同时还有一身白色毛皮。科学家研究证明：北极熊的毛皮能将最微弱的光线积累起来并汇集到表皮上，然后转化成热能，再通过皮下的血液输送到全身。据测定，北极熊四分之一的热能需求是由它的白色毛皮提供的。

北冰洋为什么被称为“黄金渔场”？

北冰洋是世界上最小、最浅以及最冷的大洋，但是其海洋生物却相当丰富，尤其是巴伦支海和格陵兰海，因为处在寒流和暖流交汇处，鱼类较多，盛产鲱鱼、鳕鱼等，是世界著名渔场之一。同时，由于北极地区环境恶劣，海洋渔业资源开发处在较低的水平，所以这里的鱼类资源得到了很好的保护。

第一个到达北极点的探险家是谁？

1909 年 4 月 6 日，美国探险家罗伯特 · 皮尔里成为第一个到达北极点的探险家。为了实现到达北极点的愿望，皮尔里很早就开始了精心的准备并多次进入北冰洋。他花费了 23 年的时间，最终实现了自己的愿望，并且证明了从格陵兰到北极没有任何陆地，整个北极地区都是被冰雪覆盖的大洋。

[特别的我] 1 我是谁

我们是**南极和北极**，分别位于地球的**最南端和最北端**，都是人迹罕至的地方。

北极在地球的最北端，南极在地球的最南端。

北极地区的年平均气温在-15℃～-20℃之间，比南极年平均气温高25℃左右。

2 我的秘密

北极是广阔的**海洋**，海水中可以储存大量的热量，而**南极**是一片**陆地**，海拔又非常高。所以，北极的气温要比南极高一些。

③ 我们南极和北极为什么会很冷

由于地球是一个球体，所以太阳光照在地球上时，各个地方的**太阳光线**与**地平面**形成的**角度**是不一样的。在太阳直射的地方，地面得到的热量多；在太阳斜射的地方，地面得到的热量少。当我们被太阳光照射时，也只是太阳高度很低的斜射，而且有时候还处于极夜中，几个月都**见不到阳光**，所以得到的**热量非常少**，气候就非常寒冷了。

④ 我的指数：★★★

不管南极还是北极，常年的景象都是**冰天雪地**。同样都在地球上，有的地方总是烈日炎炎，而我们这里却总是**零下几十度**的低温。

【特别的我】

1 我是谁

我们是**极昼和极夜**，是一对冤家，我们只会分别出现在**南极和北极地区**。当一个在北极时，另一个就会去南极。

2 我的秘密

我们一年只在春分和秋分放假两天，因为这两天太阳直射地球的赤道，全球各地都是昼夜平分的。

3 南极和北极为什么有极昼和极夜

由于地球一刻不停地在**绕地轴旋转**，而地轴又是倾斜的，所以，当太阳直射北半球时，**以北极点为中心**的一片区域就被全部照亮了，这片区域就会产生**极昼**现象。相反，南半球**以南极点为中心**的一片区域就是完全漆黑的，从而产生**极夜**现象。当太阳直射南半球时，我们的位置就刚好相反了，极昼会出现在南极，极夜会出现在北极。

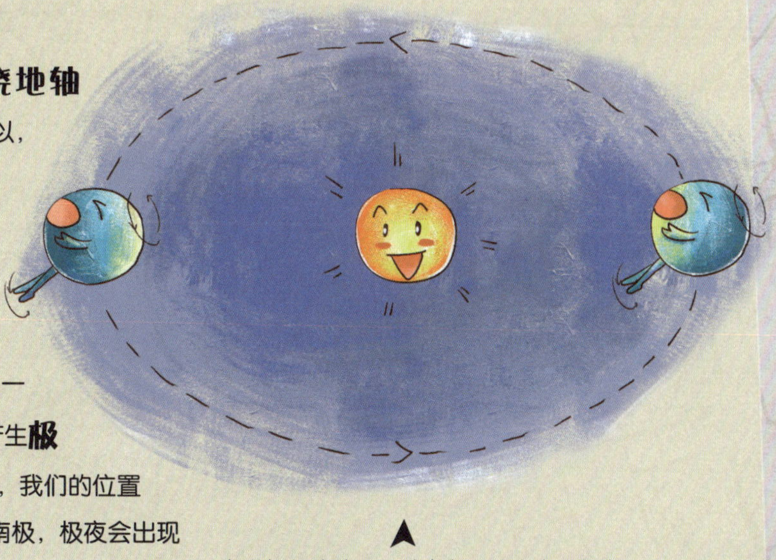

出现极昼的地区，过半年后就会出现极夜；
出现极夜的地区，过半年后就会出现极昼。

4 我的指数：★★★★

我们是极圈内特有的自然现象，极昼出现时，太阳一直不落；极夜出现时，太阳一直不出来。

出版策划：张焱宏
美术编辑：周邦雄
装帧设计：木　木
　　　　　桃　子
特邀审校：段桂华
　　　　　杨　凡